革命前夜

すべての人をサッカーの天才にする

川崎フロンターレ監督
風間八宏
木崎伸也

KANZEN

戦いすぎると、自由な発想が消える。

中央の
選手には、
足の速さは
関係ない。

相手を受け入れる
という発想はない。

世界のテッペン
を意識して
指導する。

ボールを
扱うのが
うまい選手は、
ボールを奪うのもうまい。

強く思うのではなく、
冷静に考えろ。

指導者が自分の
経験だけで教えていたら、
選手の発想が乏しくなる。

メンタルとは頭を
コントロールすること。

答えを追いかけるな。
勝つことを考えろ。
すると自然に
答えが出てくる。

指導者は
真似するな。
自分を
基準にしろ。

日本人というのは
自分たちが
気がついてないだけで、
すごく発想力がある。

選手たちが
「見ている場所」と
「見ている距離」を
変えるだけで、
Jリーグは劇的に変わる。

「しなければいけない」を
持ち込むな。
「すべきこと」だけを
持って来い。

天才は同じ場所を見ても、
違う物が見えている。

試合前日はもうひとりの
自分を出すために、
わざと緊張していた。

ボールから一番遠くにい
るやつが勝負を決める。

本当にうまい選手は、
正確にプレー
しなくていい。

数的優位を作ることが
ディフェンスではない。

ストライカーはボールが出てこないのを
人のせいにしてはいけない。

目で反応するな。頭で反応しろ。

FWの一歩で、
攻撃のすべてが
変わる。逆に
DFの一歩で、
守備のすべてが
変わる。

ボールを持った瞬間
どこに体を向けるかで、
攻撃のセンスがわかる。

1対1は勝つもの。

行き詰まると、たったひとつの
やるべきことが見えてくる。

サッカーは何をしなければ
いけないじゃなく、何をしたいかなんだ。

指示と全然違うことをやって成功したとき、『おもしろかった』と言ってあげる。

Jリーグで勝つサッカーをするな。
バルサに勝つ
サッカーをやれ。

半歩で見える
物が変わる。

臆病の連続が
自信になる。

サッカーを愛するすべての人たちへ

Message from Yahiro Kazama

小さなころからサッカーを始めて、いまだにその奥行きの広さに一喜一憂する毎日です。

サッカーというのは考え方ひとつで、ボールが友達にも敵にも爆弾にもなる。そして自分たちの"目"をそろえることで戦術練習をしなくてもしっかりチームにもなる。

こういうところを考えると、ものすごくたくさんの要素がサッカーを作っている。そのなかでどういう方法でサッカーを楽しむのか、小さいころからずっとそこを追い求めてきています。

サッカー選手はみんなボールを自由に扱いたくてサッカー選手になったはずです。

グラウンドで球技としての面白さをたくさん出していくこと、これがやる人、見る人、すべての人に一番大きな喜びを与えると思います。

とにかく楽しい発想でサッカーをやりたい。
そんな気持ちがこの本には詰まっています。

風間八宏

はじめに

風間八宏の思考法を知ることで、誰もが天才に近い目を持つことができる

こんなことを言うと風間八宏さんに怒られてしまいそうだが、正直、こう思うのだ。

「風間さんの話は難しい」

いや、基本的には、フジテレビの解説者としてナンバーワンの人気を誇ったことからもわかるように、風間さんのサッカーの話はすごくわかりやすい。限られた時間の中で、短い言葉で的確にプレーの本質をえぐり出し、〝何が起こっているか〟をお茶の間のファンにしっかり届けてくれる。2012年4月に川崎フロンターレの監督に就任したことで、その解説を聞けなくなったことを惜しんでいる方も多いのではないだろうか。

日本代表として、プレーした感覚。

ゼロコンマ何秒の出来事を分解する目。

そして、その認識したものを、言語化する類いまれな思考力。

この3つすべてがそろっているからこそ、誰も真似できないような解説ができるのである。

しかし、あくまでこれはTV用の〝ブレーキ〟をかけてのトークなのだ。

風間さんは現役を引退してフジテレビの解説者に抜擢されたとき、「解説とは何か」を勉強するために、約1ヵ月間あらゆるリーグを見続けたそうだ。1日に3試合を超えることもあり、あまりの疲労で目が見えづらくなるほどに。そういう探求の結果、誰にでもわかるように表現するスキルを身につけたのである。

では逆に、セーブしていないとどうなるのか？　聞き手に気を遣う必要がなく、本気でサッカーの話をしていい場合、発想がぶっ飛び始める。こうなると……何を言っているかまったくわからなくなる。

相手からプレスをかけられた場面の話になったときのことだ。風間さんは、目をギラつかせて言った。

「相手が動いてきたら、こっちは動く必要がないんだよ。止まっちゃえばいいんだ。そうすれば、全部フリーになる」

なぜ動かないでフリーになれるというのか？　まったく意味不明である。

心の中では「何を言っているかまったくわからない！」と叫びながらも、風間さんを見ると、「当たり前だろ？」とぶ然とした表情をしている。質問する勇気を持てず、ついつい「なるほど」と曖昧な返事をして、その場をやりすごしてしまうことが多かった。

どんな分野においても天才というのは、考えていることを言葉にする前に自分の頭の中だけで理解し、話が飛躍することが多いのではないだろうか。まさに風間さんがそれだ。言葉として出てくるのはすごくシンプルな結論だけで、細かな説明が省かれていることが多い。定理だけを世の中に知らしめ、その証明は一切記さなかった数学者のフェルマーのように。

だが、人間不思議なもので、どんなに相手がすごい天才だろうが、接していると慣れてきて、とんでもなく図々しいことを言えるようになる。だんだん風間さんと接する時間が長くなっていくうちに、「説明が足りない！」と考えられるようになった。

そして、図々しくも、こう切り返せるようになった。

「風間さんの話は難しいんですよ！　もっと詳しく教えてください」

どんなに嫌がられても、とにかく質問、質問、質問。

いつしか風間さんから、こんな冗談を言われるようになった。

「おまえと会うと、質問攻めに遭うからメンドくさいんだよ」

そうやって食らいついていると、ごくごく平凡な自分の目にも変化が現れ始めた。風間さんが言わんとしている世界が、少しずつ見えるようになってきたのである。

もちろん自分の目が、元日本代表のゲームメイカー級になったなんておこがましいことは、とてもじゃないけど言えない。けれども、そういう世界があることに気がつくだけで、随分と見えるものが変わってくることがはっきりとわかったのだ。

天才の思考法を知ることで、誰もが天才に近い目を持つことは可能なのである。

繰り返しになるが、風間さんの話は難しい。

本書の最大の目的は、風間八宏という天才的感覚を持った監督の言葉を〝翻訳〟することである。

2004年1月に初めて風間さんと出会って以来、取材を続けさせてもらい、特に風間さんが筑波大学の監督に就任した2008年以降、より取材にのめりこんでいった。その間、「サッカー批評」を中心に、「ジャイアントキリング・エクストラ」、「宝島ムック」、「有料メルマガ・木崎伸也のNumberでは書けない話」、「フットボールサミット」といった媒体に、記事を書かせてもらった。

それらの原稿に加筆・修正し、取材後記など新たな文章を加えたものが本書である。川崎フロンターレの監督という立場になったことで、語れないことも出てきた。だが、いつ掲載されたかを明記することで、今では語りづらいことも本書に含めることが可能になっている。

スポーツライターという仕事柄、自分は国内外のいろんな指導者に話を聞く機会がある。そういう経験を元に自信を持って言えるのは、風間さんが描くサッカーには、日本だけでなく、世界のサッカーをも変えるポテンシャルがあるということだ。風間さんがフロンターレの監督に就任したことで、その革命へのカウントダウンがついに始まった。

天才の頭脳をのぞく。

そんな感覚を味わって頂ければ、書き手としてこれほど嬉しいことはない。

木崎伸也

革命前夜◎目次

はじめに
風間八宏の思考法を知ることで、
誰でも天才に近い目を持つことができる　4

革命へのステップI
常識を疑う

第1章　日本サッカーの「常識」を疑え　14
第2章　システム論を語る前に理解すべきこと　50

COLUMN 風間流サッカー観戦術①
TV画面の四隅を意識しながら見る 60

革命へのステップII
正解ではなく、絶対を作る

第3章 風間八宏が解き明かすバルセロナの新常識 62

第4章 日本代表が身につけるべき武器 74

第5章 Jリーグはもっと強くなれる 90

COLUMN 風間流サッカー観戦術②
ボールが動いている間に、ゴール前を見ておく 100

革命へのステップⅢ

すべての子供に天才性を見出す

第6章　天才の作り方　102

第7章　異端者カザマヤヒロの分岐点　112

第8章　日本サッカーを変える育成論　128

COLUMN　風間流サッカー観戦術③　背番号が見えるかを気にする　138

革命へのステップⅣ

規格外の夢を抱く

第9章　日本はバルセロナを超えられる　140

第10章　発想を解き放つ風間流の思考法　148

COLUMN 風間流サッカー観戦術④
選手がボールを持ったときの選択肢を3つか4つ想像する 176

革命へのステップV
叩きのめす

第11章 革命前夜 178
第12章 革命の始まり 194
付録 本物の天才だけが見えている世界 208
おわりに 218

装丁：松坂 健（TwoThree）
写真：山本雷太

革命へのステップⅠ

常識を疑う

第1章　日本サッカーの「常識」を疑え

第2章　システム論を語る前に理解すべきこと

Chapter.1 Introduction

「風間さんのサッカーがおもしろい」

まだ風間八宏さんが筑波大学を率いているときはいくらそう力説しても、ほとんどの人から「ふ～ん」と素っ気ない反応が返って来るにすぎなかった。風間監督が目指すサッカーが従来のものとはあまりに異なるため、魅力を伝えるのがすごく難しかったのだ。

ただ、そういうやり取りを繰り返しているうちに、こう思うようになった。今までの“常識”がいかに間違っているかを伝えれば、もしかしたら新たな発想を受け入れてもらいやすくなるのではないかと。

第1章では新たなサッカーに出会う“準備体操”として、日本サッカーの「常識」を疑うことから始めたい。

第1章 日本サッカーの「常識」を疑え

初出『フットボールサミット第1回』（カンゼン）掲載　2010年11月

日本サッカーが解くべき8つの「誤解」

何気ない言葉の中に、日本サッカーの本質を見抜くヒントが隠されていることがある。2010年南アフリカ・ワールドカップに向けたスカパーの特番で、イビチャ・オシムが投げかけた言葉もそのひとつだった。

オシムはこう語った。

「毎週Jリーグと欧州リーグを見ている人が、これが同じスポーツか？　という疑問を持ったときに、サッカーの解説者には答える責任があると思います。なぜ違うように見えるのか、ちゃんと説明しなければいけません。そしてなぜ日本人選手が同じようにプレーすることができないのか、説明できるだけの知識と責任感を備えていなくてはいけません」

オシムはきっと、こう言いたかったのだろう。Jリーグと欧州のトップリーグには、同じスポーツとは思えないと感じさせるほど重大な差がある。その差を明確に言語化できない限り、日本サッカーが次のステージに行くことはない――と。

ワールドカップを取材するために南アフリカを訪れてからも、筆者の頭の片隅にはずっとこのオシムの言葉がひっかかっていた。

なぜ別のスポーツに見えてしまうのか。

世界トップとの差はどこにあるのか。

もしかしたら、完全に見落としている欠点があるのではないか……。

そんな自問自答を繰り返していたとき、ワールドカップのメディアセンターで解説者の風間八宏さんと「日本サッカーの可能性」について話す機会があった。

風間は18歳のときに日本代表に選ばれ、筑波大学卒業後に数々の実業団チームからの誘いを断ってドイツへ飛び、計6年間ドイツでプレーした〝欧州組〟の先駆者のひとりだ。清水商業時代の恩師である大滝雅良監督が「教えることは何もなかった。逆に自分が彼から多くのことを学んだ」と回想するように、幼い頃から飛びぬけた発想力を持つ〝天才〟だ。

サンフレッチェ広島時代には、キャプテンとしてJリーグの前期優勝（94年）に貢献しており、間違いなく日本サッカー界で世界のトップとの距離感を最もよく知るひとりである。中田英寿氏は現役時代、風間の見識と洞察力に共感を覚え、nakata.net TVの進行役を任せていたほどだ。

この稀有な〝サッカーの目〟を持つ男は、南アフリカにおける日本代表をどう見たのだろう？

風間は選手たちの頑張りに称賛を送る一方で、日本がチームとして消極的なやり方を選択したことに、物足りなさを感じていた。

「今回の日本は、攻撃のための守備ではなく、守備のための守備になってしまう時間が多かった。日本人選手のテクニックを考えれば、もっと自分たちの良さを出すサッカーができたはず。もちろんベスト16という結果は、日本サッカー界にとって大きな意味があったが、あらためて何を大切にしてサッカーをするのか、考えなければいけないと思う」

ただし、これは日本だけの課題ではない。風間は南アフリカ・ワールドカップでは、多くのチームの質が「低かった」と感じていた。

「今大会では、多くのチームがサイドにボールを運んで、中央に向かってクロスをどんどん入れるというサッカーをしていた。こういうサッカーは、スペースを消されると途端に行き詰まってしまう。昔のサッカーに戻ってしまった感じです」

その代表例が、イングランドだ。

「せっかくルーニーが相手のＤＦを外して、いくらでもパスをもらえる状況を作っているのに、まわりの選手たちがその動きに気づいていなかった。ボールが来るのは、味方がドカーンと蹴ったときだけ。あれで点を取れというのは酷。ルーニーがイライラするのも仕方がありません」

ルーニーは無得点のまま、決勝トーナメント1回戦でドイツに敗れ、南アフリカを去ることになる。同じく期待外れに終わったイタリアも、サイドからばかり攻める時代遅れのチームだった。

今サッカー界では、イングランドやイタリアのようなサッカー大国でも苦しんでいるのだから、まだプロリーグができて約20年しか経っていない日本に、「スペインのような攻撃的なサッカーをしてほしい」と願うのは酷な話なのかもしれない。今大会を見る限り、日本がスペインに追いつくには20、30年単位の年月が必要に思えてしまう。

ところが、風間はまったく逆のことを考えていた。

「日本の選手には、言われたことを認識して、プレーを変える能力が高い。だからこそ南アフリカ・ワールドカップでは、大会直前にやり方が変わっても対応できた。技術的にもかなり高いものがある。あとは発想の問題なんです。少し発想を切り替えれば、もっと日本のサッカーは楽しくなるし、必ず強くなる」

日本人選手はすでに技術があり、新しいことを吸収しようとする意欲もある。

あとは〝発想の転換〟——。これさえできれば、日本サッカーは驚くほどの進化を遂げられると、風間は考えているのだ。

では、いったいどうすれば発想を変えられるのか？

それを実行するには、日本サッカー界が常識だと思い込んでいる「誤解」を、一つひとつ解きほぐしていく作業が必要になってくるだろう。スペインがワールドカップ初優勝を決めた約1ヶ月後、あらためて風間に時間を作ってもらい、筑波大学でインタビューを行った。

すると、８つの「日本サッカーの誤解」が浮き上がってきた。

①サイド攻撃は本当に効果的なのか？

②攻撃にスペースは必要なのか？

③足元へのパスはダメなのか？

④日本式ドリブルの間違い

⑤首を振っていても、大切なものが見えているとは限らない
⑥マグネット式布陣論の落とし穴
⑦本当の組織力とは何か？
⑧簡単な答えをほしがってはいけない

思い込みや先入観を打ち砕き、非常識を新たな常識に変え、日本サッカーの次なる扉を開けることに挑戦したい。

誤解1　サイド攻撃は本当に効果的なのか？

日本代表やJリーグの試合を見ていると、たいていこんな攻撃のパターンが目に入ってくる。

DFラインからボールを受けたボランチが、サイドにいる選手へ〝無条件〟にパスを出し、そこからクロスを上げるという攻撃だ。

ここで〝無条件〟と少しばかり大げさに書いたのは、中央のエリアが空いているかを確認する前に、サイドにいる選手にパスを出してしまう——という習性が日本サッカーに見られるからだ。まるで先生の言いつけを守るかのように、ワンパターンにサイドへパスしてしまう。

風間は、〝ボールを受けるときの体の向き〟という視点から、この傾向を指摘する。

「Jリーグで中盤や最終ラインの選手を見ていると、ボールを持った瞬間に横を向く選手が多い。つまり、最初からサイドにパスを出そうと思っているということ。これでは相手の守備陣にとって、怖い攻撃にならない。横にはいつでもパスを出せるのだから、ボールを持ったら正面を向くべき。そうしたらパスを前にも横にも出せるから、相手は容易に飛び込んで来られなくなる。もしかしたら、いつの間にか日本サッカーには、崩せない何かがゴール前に存在しているっていう先入観が植えつけられてしまったのかもしれない」

もちろんJリーグに限らず、世界のどのリーグを見ても「サイド攻撃」は、定石のひとつだ。だが、日本の場合、あまりにも条件反射的に、サイドから攻めようとするきらいがある。

2008年から2012年4月まで、風間は筑波大学蹴球部の監督を務めていた。就任1年目、いきなり大学選手権で準優勝に導き、MFの永芳卓磨ら4人がJ2のFC岐阜に入団。それ以降も、毎年Jリーガーを輩出している。

風間は就任するとすぐに、学生たちが〝まずはサイド攻撃〟という先入観を持っていることに気づかされた。

「せっかく相手の守備が崩れているのに、サイドにパスしてしまうことがあった。選手たちには常に言っているんですが、サイドなんていつも空いているものなんです。相手がフラフラになっているんだから、中央からすっと入っていけば一発でシュートシーンを作れる。なのに外側にボールを運んだら、時間を作って相手を助けているようなもの。これではスローテンポなサッカーになってしまう」

これは大学に限った話ではない。残念ながら日本代表でも、Jリーグでも同じである。日本代表はアジアのチームと試合をするときにポゼッション率が高いと言われるが、〝中央の山〟を避けて、左右のサイドの空いているエリアに逃げのパスを出しているだけ、ということが多い。Ｊリーグの試合が退屈な展開になっているときは、たいてい両チームが単純にクロスを放り込み合っている場合だ。当然、クロスからゴールが生まれることもあるが、さあ今から上げますよ、というクロスだと、相手ＤＦに読まれてしまい、簡単にはね返されてしまう。

つまり、ここで言いたいのは、日本人選手はサイドだけでなく、もっと中央を攻める意識も持つべきだ、ということだ。

「こんな冗談があります。昔、西が丘サッカー場のピッチの真ん中の芝生がはげてしまっていて、ボールがイレギュラーするのが嫌でみんな芝生がきれいなサイドから攻めていた。そのときプレーしていた選手が監督になったから、今サイドばかり攻めるチームが多いんじゃないか、と（笑）」

これは笑い話としても、今の日本サッカー界では、ゴール前に大きな山が見えたときに、無条件にまわり道を選択して、山にトンネルを掘ることを忘れてしまっている。

「サイド信仰」の弊害は、選手の起用法にも影響している。

ドイツ人のトーマス・クロート代理人は、最もよく日本サッカーを知る外国人のひとりだ。これまで高原直泰、稲本潤一、長谷部誠、小野伸二、大久保嘉人、香川真司、内田篤人のブンデスリーガ移籍に携わった。つまり、高原以降にドイツに移籍した日本人選手のほとんどが、彼にお世話になったということだ。今ドイツ国内では、「香川の発掘者」として話題になっている。年に３、４回のペースで日本を訪れ、Ｊ１だけでなくＪ２もこまめにチェックしている。

その欧州きっての日本通は、最近、秘かに名古屋グランパスの金崎夢生に注目している。だが、彼にとって、不思議で仕方がないのは、金崎が最も生きるポジションはボランチなのに、なぜ日本ではサイドで使われることが多いのか？　ということだ。

金崎の持ち味は、長い距離をトップスピードでドリブルできることである。これだけ前にボールを運ぶことができる選手はなかなかいない。このドリブル力はもちろんサイドでも生きるのだが、中央のエリアならさらに脅威になれる。

しかし、名古屋ではサイドで使われることが多い。起用については名古屋を率いるストイコビッチ監督の判断だが、メディアから「金崎の最適のポジションは？」という議論が聞こえてこないことを考えると、「ドリブルが得意」＝「サイドで使うべき」というイメージが定着しているのではないだろうか。

サイド重視の思考を改めるには、どうしたらいいだろう？

風間はペナルティエリアに対して「3辺」から入るイメージを持てば、攻撃の発想が変わると考えている。

【図1】

「ペナルティエリアには、横の2辺と、中央の1辺から入ることができる。で、一番長い辺はどこかと言えば中央の辺。中央突破だけでも、サイド攻撃だけでもなく、この3辺の空いているところから攻めるという意識を持てば、相手と駆け引きしながら攻略できるようになる」

たとえば、筑波大学では、こんな練習をしていた。

まずペナルティエリアの左右の「横の辺」にコーンをそれぞれ3つ置き、「中央の辺」にはコーンを2つ置く。そして各コーンからドリブルでペナルティエリアに侵入し、GKと1対1の状況でシュートを打つ、という練習法だ。これにより、自ずと「3辺」を使う意識が高まる。【図2】

【図1】ペナルティエリア「3辺」のイメージ

ペナルティエリアには3辺（横の2辺と中央の1辺）あり、この3辺の空いているところから攻める意識を持てば、相手と駆け引きしながらどこからでも攻略できる。逆に「攻撃はサイドから」という思い込みが強すぎると一番長い辺である中央の辺から攻める発想が乏しくなり、攻め手が限られてしまう。

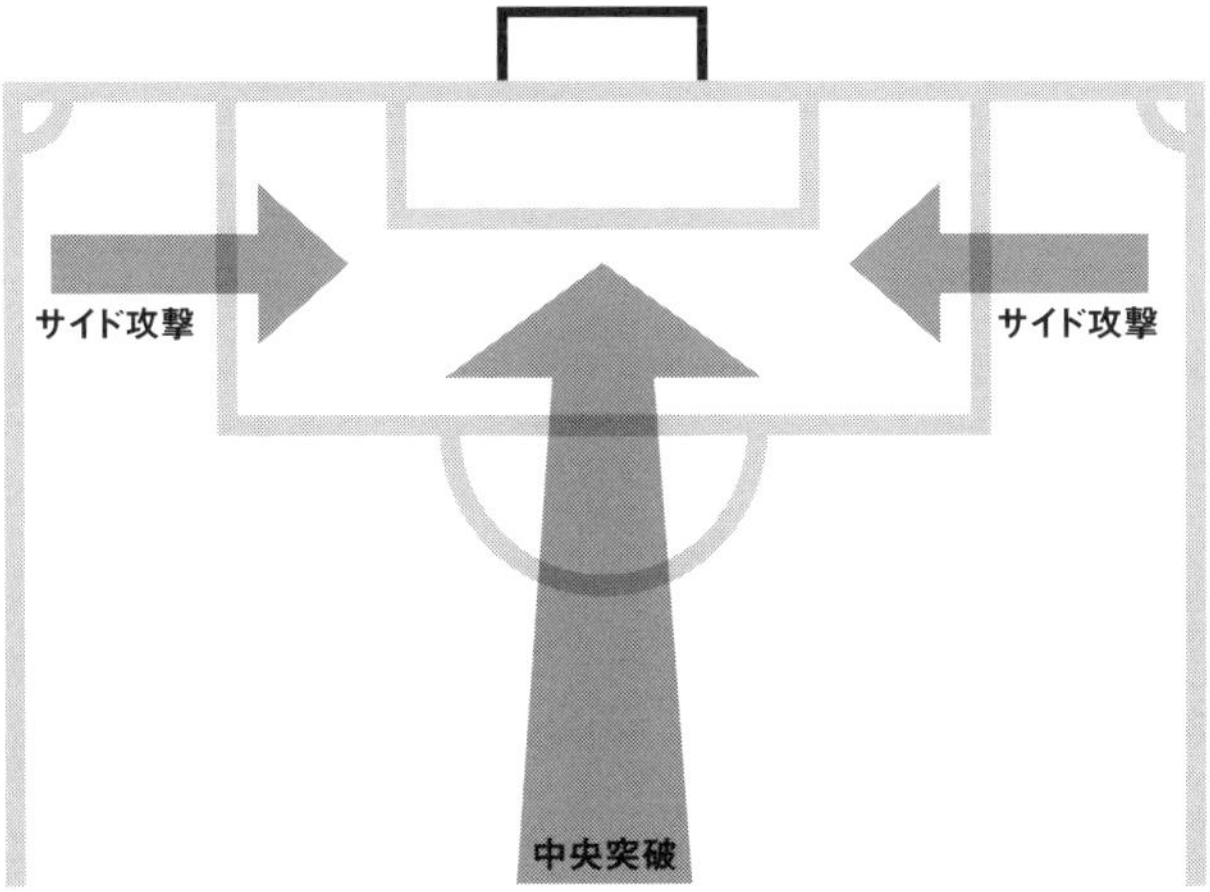

【図2】「3辺」を使う意識を高めるシュート練習

ゴールを3辺から攻略する感覚を養うため、筑波大のシュート練習では横の辺と中央の辺にコーンを置き、各コーンからドリブルでペナルティエリアに侵入してシュートを打つ練習を行っていた。

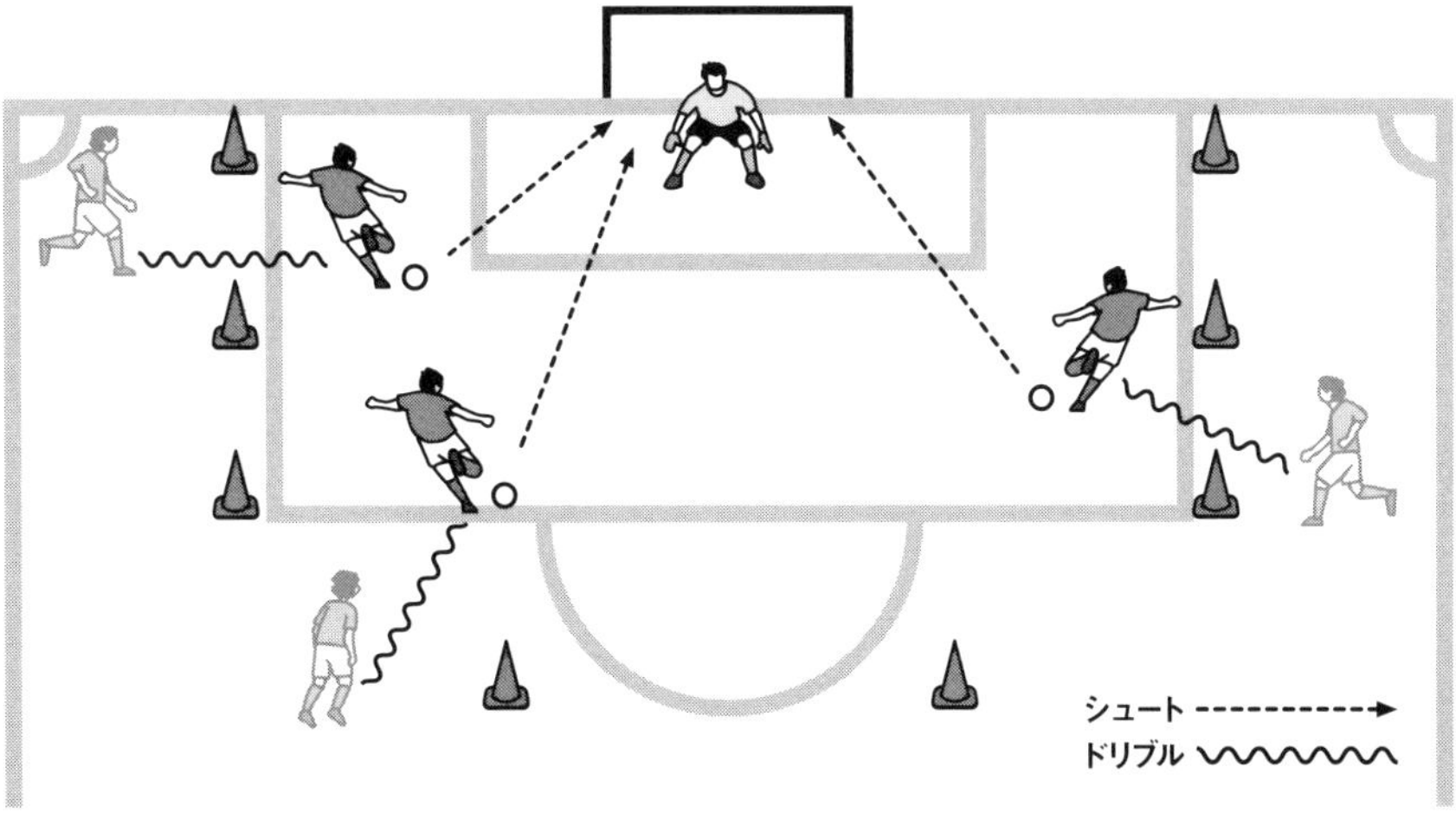

「クロスボールをボーンって蹴ると、『ナイスボール!』って言う人がいるけれど、結局、何も戦況が変わってないことが多い。やっぱり点が入って、初めてナイスボールと言える。目標はゴールなのに、クロスを上げることが目的になってしまっている部分がある」

ただし、サイドから攻めるという思い込みは、また別の「誤解」と密接に関係していることも見落としてはいけないだろう。

いくら中央から攻めるという発想を持ったとしても、もうひとつの「誤解」を晴らさない限り、本当の意識改革にはならない。

そのもうひとつの「誤解」とは、次にあげる「スペースがないと崩すのは難しい」という思い込みである。

誤解2 攻撃にスペースは必要なのか?

Jリーグでは、ピッチの大きさはおよそ105メートル×68メートルと定められている。これだけ広いのだから、すべてのスペースを消すことはできない。ただし、守備側のフィールドプレイヤー10人が、DFラインからFWまでをコンパクトに保ち、組織的なブロックを作ると、攻撃側にとって見かけ上、攻め込む隙間がない状況が生まれる。

いわゆる「スペースがない」状態だ。

日本に限らず、一般的にサッカーの世界では、DFラインを下げてゴール前にブロックを作られると、スペースが限定されるため、攻め込むのは難しいと言われている。イメージとしては、渋谷駅前のスクランブル交差点でパスをまわすような感じだ。

しかし、そのサッカー界の常識は本当だろうか？

最近、それが間違った常識であることを、証明しつつあるチームがある。

スペインのバルセロナだ。

風間は言う。

「バルセロナの選手たちは、一見スペースがないように見えても、イニエスタやシャビが相手から自由になってボールを受けて、密集地帯でもパスをつなぐことができる。サッカーを『空いた場所』でやるのではなく、マークをうまく外して『相手が届かない場所』を作ってやっているということです」

バルセロナのサッカーが世界の最先端にいることは、1度見れば誰もがすぐにわかることだ。ものすごいスピードでボールが動き、息を呑むようなプレーが次々に起こる。だが、何がどう動いてあのパスまわしが実現されているのか、カラクリを説明できる人は少ないだろう。

バルセロナの攻撃の秘密を理解するには、〈人を外す〉というプレーを理解しなければいけない。

たとえば屈強なＤＦにマークされていて、パスをもらおうとしているとしよう。どうしたら確実にパスをもらえるだろうか？

もし何の工夫もなしにぼんやりＤＦの目の前に立っていたら、パスが来たときにガツッと体を寄せられて、ボールをあっという間に取られてしまうだろう。だが、相手には同時にボールも見ておかないといけないという弱点がある。その弱みを利用して、パスが来る瞬間にＤＦの背中側にまわりこみ、相手の視野から消えたとしたら？　味方がうまくパスをしてくれれば、相手の背中には目がついていないので、フリーでボールを受けられるはずだ。

この動きを、風間は「背中を取る」と呼んでいる。

また、一般的に相手の目の前でボールを受けるのは簡単ではないが、相手の重心移動を逆手に取れば、マークを外すことができる。たとえば、こちらが右に動こうとしたら、相手もついてこようとするだろう。その瞬間を利用すればいい。相手の重心移動の「矢印」を見落とさず、その逆に動くことができれば、相手はバランスを崩して何もできない状態になる。

「背中を取る」（視野の駆け引き）、「矢印の逆をつく」（重心移動の駆け引き）。これらをひっくるめた動作が、〈人を外す〉だ【図3】。〈人を外す〉ことができて、初めて相手を自由に操る権利を手にできる。

たとえば、どんなに相手がコンパクトな陣形を組んでいても、わずかな隙間でフリーになり、パスを受けることが可能になる。彼らの攻撃にスペースは必要ない。バルセロナがどんな相手からも最終的にはゴールを奪う確率が高いのは、イニエスタやシャビが、人を外してボールを受ける能力に長けているからだ。

当然ながら、人を外すというプレーには、センスが要求される。

密集地帯にはたくさんの敵の目があるわけで、その中のどの視界から消えるかを見極める能力が求められる。つまり、誰がどこに立っているかという、空間認知能力が必要ということだ。

〈人を外す〉というのは、言い換えれば、相手を見てサッカーをするということである。

スペースだけを探していると、相手の守備の穴は見えてこないが、相手をきちんと見て、それに応じて背中側にまわったり、重心の逆を取ることで、いくらでも相手が届かない場所を作ることができる。

【図3】人を外す動き

「相手の背中を取る」「相手の重心移動の矢印の逆をつく」。これらの動作を「人を外す動き」といい、わずかなスペースでボールを受けるためには重要になる。

◎背中を取る

背後にまわりこみ
フリーでボールを受ける
相手DF

背中には目がついていないので、一瞬の隙を逃さず相手DFの背後にまわりこめばフリーでパスを受けられる。この場合、相手DFがパッサーに目を向けた瞬間に背後にまわりこめるかがポイントになる。

人の動き →
パ　ス - - - →

◎重心移動の矢印の逆をつく

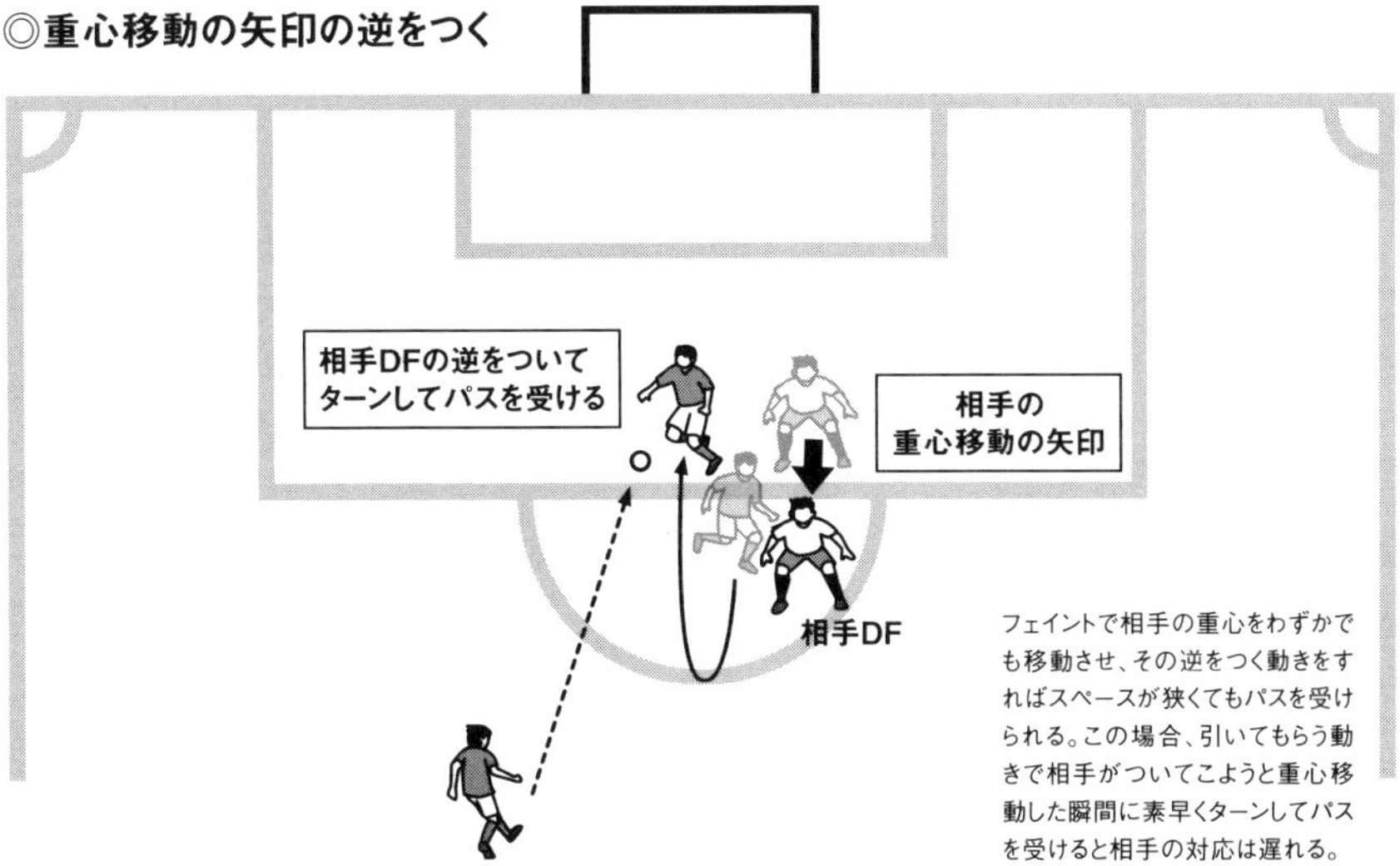
相手DFの逆をついて
ターンしてパスを受ける
相手の
重心移動の矢印
相手DF

フェイントで相手の重心をわずかでも移動させ、その逆をつく動きをすればスペースが狭くてもパスを受けられる。この場合、引いてもらう動きで相手がついてこようと重心移動した瞬間に素早くターンしてパスを受けると相手の対応は遅れる。

風間は、２０１０年８月に発売したＤＶＤ『風間八宏 Football Clinic Vol.2 「運ぶ・外す」』のなかで、こう解説した。

「人を外す技術は、現在サッカーにおいてすごく重要な技術になっています。従来の考えではスペースがないときに、空いた場所がないから走り込めない、パスがもらえないということになりますけど、人を外す技術を身につければ、敵がたくさんいようが、スペースが少しだろうが、自由にボールを受けられるようになります。ということは、チャンスも増えるし、自分たちのリズムでサッカーができる。特にペナルティの中や、中盤でプレッシャーをかけられたところでボールを受けられるようになります」

このＤＶＤの中では、〈人を外す〉ときに心がけるべきポイントが、３つあげられている。

①いつ

味方がボールを持っていないときに、いくら動いてもボールは出てこない。味方がボールを出せる瞬間に、最適の場所に移動することが大切。

②何を

敵がどこにいて、どの敵を攻略すべきなのかを判断する。

③どう

敵をどう外すか。ボールが来る前に、相手をどう動かして、どう自分の一番進みたい場所に移動するかの技術。

ボールだけを見ていてもダメだし、味方を見ようとするだけでも不十分だ。相手を見て、サッカーをする――。

これは日本サッカーの誤解を解くうえで、非常に大事なポイントになってくる。

誤解3　足元へのパスはダメなのか？

さて、うまくマークを外すことができたら、すぐゴールできるだろうか？

現実はそんなに甘くない。

せっかくマークを外せたとしても、その瞬間に正確なパスが来なければ、再びマークにつかれてしまうだろう。つまり、〈人を外す〉動きを生かすには、アクションを起こした選手の足元に、矢のように入るパスが必要だ。野球のキャッチボールで、相手の胸元にズバッとボールを投げ込むような感じである。

パスというのは、どこを狙って出すかという視点で大雑把に分類すると、「スペースに出すパス」と、「足元に出すパス」の2つに分けられる（この他に「頭を狙うパス」や「胸を狙うパス」もあるが、ここでは考えないことにする）。

「スペースに出すパス」は、文字通り、誰もいないスペースに向かってボールを出し、グラウンドをゴロゴロと転がるボールを、選手が追いついて拾う、というもの。ある程度、大雑把に出しても、受け手が走る速度を調整すれば、パスは通る。ただし、選手が追いつけるように、ボールスピードは落とさざるをえない。スペースに蹴るボールだと、必ずボールは、受け手の走るスピードよりも遅くなるということだ。

一方、「足元に出すパス」は、止まっている選手の足元、もしくは走っている選手の足元に、ピンポイントで出すパスのことだ。選手が追いつく必要はないので、受け手のトラップの能力が高ければ、かなり速いボールを出すことができる。

つまり、「スペースへのパス」よりも「足元に出すパス」の方が、圧倒的に速い攻撃ができるのだ。【図4】

相手が堅固なブロックを作っている密集地帯では、すぐそばに敵がいるため、ボールを扱う時間が制限される。だが、足元から足元へ高速でボールを出せば、その限られた時間の中でも、パスをまわすことが可能なのだ。

風間はバスケットボールやハンドボールといった手で扱うスポーツを引き合いに出した。

「バスケやハンドボールでは、スペースに出すパスなんてないですよね？　手から手へ、正確なパスを出す。それをサッカーの場合、足でもやればいい。ただし、当然、ハイレベルな技術が必要になります。ピンポイントで出すパスの技術と、正確に止めるトラップの技術。スペースを見てやるのとは、まったく違う質のプレーが必要になります」

日本サッカー界では「足元へのパス」というと、攻撃が停滞してしまったときの典型例として語られ、ネガティブなイメージを持たれているかもしれない。ある意味、間違いではないのだが、それは選手自身の足も止まってしまっている状態のことだ。

【図4】「スペースへのパス」と「足元へのパス」

「スペースへのパス」「足元へのパス」ともにメリット、デメリットはあるが、出し手と受け手が発想を共有し、互いの技術が高ければ、「足元へのパス」のほうが圧倒的に速い攻撃が可能になる。ハンドボールをイメージするとわかりやすい。ハンドボールはスペースではなく、手元から手元へ素早くパスをまわし、流れるように攻撃する。

◎スペースへのパス

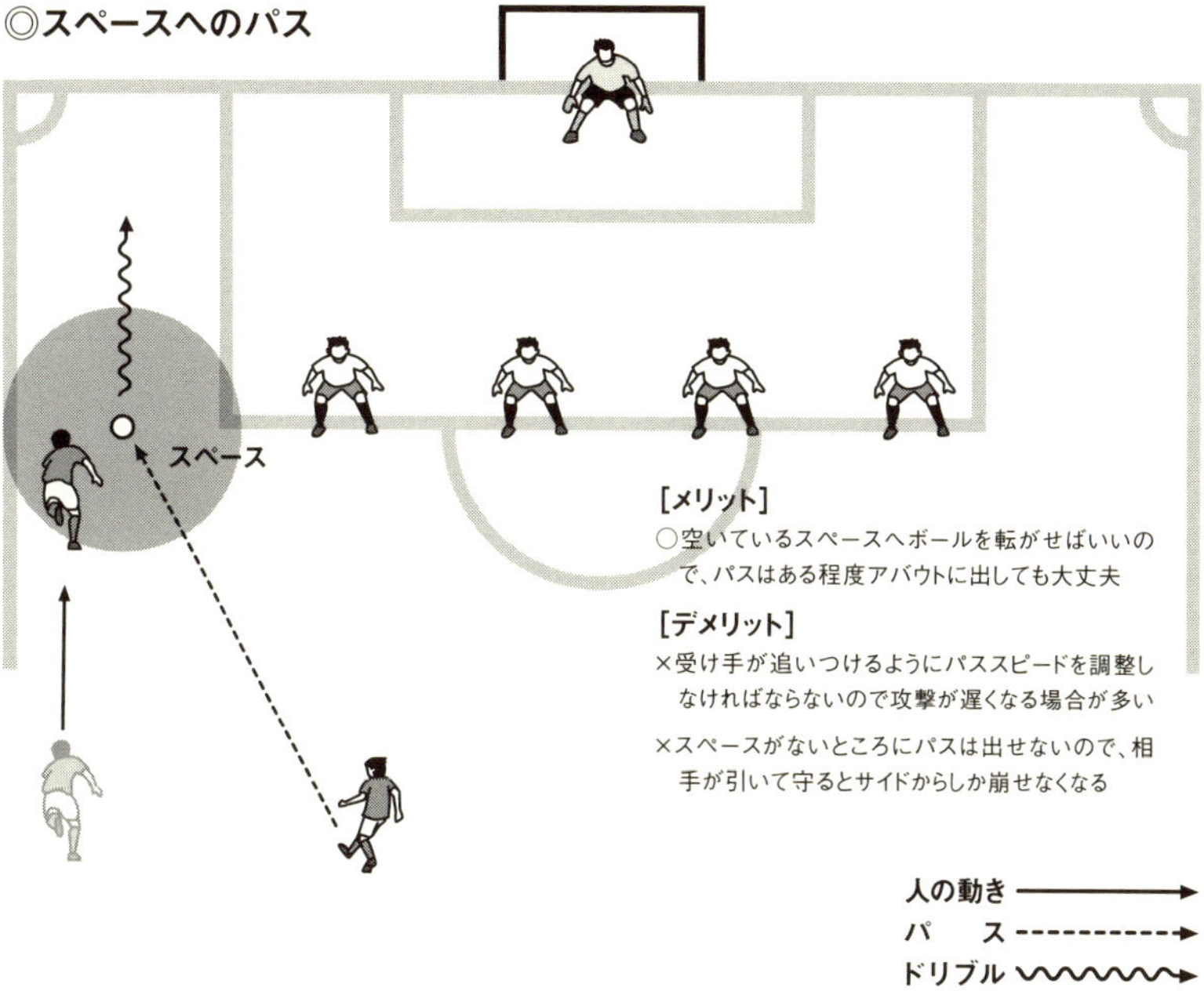
スペース
[メリット]
○空いているスペースへボールを転がせばいいので、パスはある程度アバウトに出しても大丈夫
[デメリット]
×受け手が追いつけるようにパススピードを調整しなければならないので攻撃が遅くなる場合が多い
×スペースがないところにパスは出せないので、相手が引いて守るとサイドからしか崩せなくなる
人の動き
パ　ス
ドリブル

◎足元へのパス

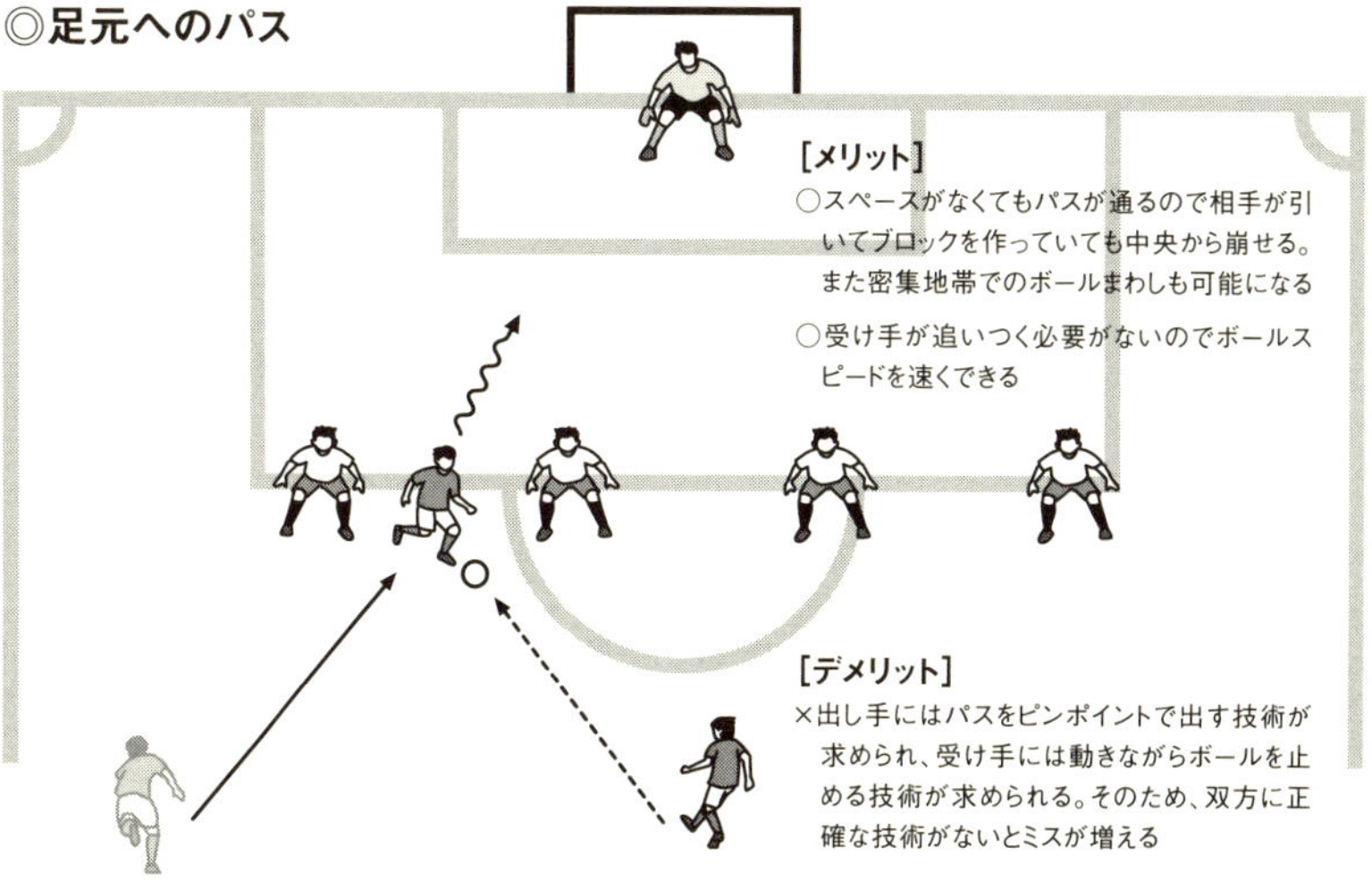
[メリット]
○スペースがなくてもパスが通るので相手が引いてブロックを作っていても中央から崩せる。また密集地帯でのボールまわしも可能になる
○受け手が追いつく必要がないのでボールスピードを速くできる
[デメリット]
×出し手にはパスをピンポイントで出す技術が求められ、受け手には動きながらボールを止める技術が求められる。そのため、双方に正確な技術がないとミスが増える

今論点にしている足元というのは、選手が〈人を外す〉アクションを臨機応変に起こし、〝動いている選手〟の足元へパスがつながる状態のことである。しつこいようだが、決して攻撃が停滞しているときではない。〈人を外す〉動きと〈足元へのパス〉が連動すれば、どんなに相手が緻密なブロックを作ろうと、攻略の糸口を見つけられることになる。

「もちろん試合では、相手を誘い出すために、ボーンとスペースに蹴ることもありますが、大前提として足元へのパスをできるようにしておくべき、ということ。それができれば、相手がいくら引いて守っても、切り崩すことができます」

ただし、ここでひとつ重要な注意点がある。

レシーバー（受け手）が人を外して、その瞬間を逃さずパッサー（出し手）が足元へドンピシャでパスを出すには、〝阿吽の呼吸〟が必要だ。テレパシーを使うことはできないので、互いに〝合図〟を出し合って、パスのタイミングを合わさなければいけない。

「もしある選手がボールを受けたときに、ピタッと自分が蹴りやすいところにボールを止めたら、まわりの選手は確信を持って動き出すことができる。つまり、ボールを正確に止めることが合図になります。一方、受け手の方は、パッサーがボールを止めた瞬間に動き出せば、それが合図になる。とにかく合図が出せなかったら、互いに技術を持っていても成立しません」

これを実現させるために、風間は筑波大学でこんな練習を行っていた。

４人１組が２～３メートルの距離を保って輪を作り、その形をキープしながらショートパスを交換してゴールに向かっていく。そしてペナルティエリア付近に来たら、そのうちの１人がシュートするというものだ。

風間は、その意図をこう説明する。

「選手はパスを通すために、ついボールのスピードを遅くしてしまう。コースで調節するより、スピードでコントロールする方が簡単だからです。それを防ぐために、ボールスピードを速くしたまま、動いている受け手の足元にピンポイントでパスを合わせる感覚を身につけるトレーニングをしています。これをやれば試合でこうなるというのはないけど、こんなの全部できなきゃだめだってことです」

もし、〈人を外す〉動きと〈足元へのパス〉がチームとして連動するようになっても、まだやるべきことはある。パススピードを上げれば、もっと止める技術が必要になってくるし、それができれば動き出すタイミングもさらに早くすることが求められる。

また、こういうピンポイントで合わせるサッカーを90分やるには、相当な〝頭の体力〟が必要になってくる。空間も時間も限られた状況で、ミスをせずに、常に正確なプレーをしなければいけないからだ。

ペナルティエリアに入ってパスが来たときに、焦ってしまうような選手では90分もたない。「さあ、ここからが仕事だ！」と思えるような選手が、試合終了までディティールにこだわり続けることができる。どれだけ思考が続くかという〝頭の体力〟は、選手にとってとても大切な能力だ。

誤解4　日本式ドリブルの間違い

ドリブルというのは、サッカーにおいて選手個人が最も輝く瞬間のひとつだ。

86年メキシコ・ワールドカップのマラドーナの〝5人抜き〟は、いまだに世界中のサッカー番組で繰り返し流されているし、メッシがカリスマ的な人気を誇るのも、天才的なドリブルをするからだろう。

しかし、サッカーの醍醐味とも言えるドリブルにおいても、日本には誤解がある。

ここでもポイントになるのは、「相手を見てサッカーをしているか」ということだ。

日本人選手のドリブルというのは、相手に向かっていくものが多い。「キャプテン翼」の日向小次郎のドリブルを想像すればわかりやすい。柔道でたとえるなら、強引にパワーで投げようとしている感じだ。

一方メッシの場合、相手から遠ざかるようにドリブルして、相手がこちらに向かって来る状況を作り、接近した瞬間にスルリと逆を取ってしまう。柔道でいえば、うまく相手を動かして、重心が崩れたところを投げるという感じだ。

両者には大きな違いがあると、風間は言う。

「サッカーというのはボールを持っている選手が一番偉い。必ず相手の方が、ボールを取りに来ます。つまり、相手からグーっと動きの矢印が出るということ。メッシはその矢印の逆をつくのがうまくて、だから抜くことができるんです。多くの日本人選手のドリブルには、こういう視点が欠けている部分がある」

多くの日本人選手がパワー勝負のドリブルを挑んでいるのに対して、メッシは相手の力を利用して抜いているということだ。

メッシがピッチを斜めに切り込むようにドリブルを開始すると、メッシは何もしていないのに相手が自分からバタバタと転ぶように見えることがある。あれは相手の重心移動の矢印を一瞬で判断して、動きの逆を取っているからだ。

「日本ではドリブルっていうのは、向かっていって1対1で頑張る、というイメージが持たれているが、世界のトップレベルのほとんどはそうやって抜いていない。結局は相手の動きの逆を取るためにドリブルしている。だから華麗に抜いていくように見えるんだ。マラドーナがいい例だよね。もちろん向かっていくドリブルが効果的なときもあるけど、日本の場合、あまりにもそれが多すぎる」

日本からメッシのようなドリブラーが出てくるためには、まずは発想の転換が必要である。

誤解5 首を振っていても、大切な部分が見えているとは限らない

よく日本では、MFが首を振って周囲を見ていると、「よくまわりを見ていますねぇ」などとTV中継で褒められることが多い。おそらく中田英寿氏が現役時代、左右に首を振る行為がクローズアップされたからだろう。

だが、風間は「首を振ることと、大事なものが見えていることは別問題」と指摘する。

「相手の選手をぼやっと見ているのと、体の細部まで見えているのとでは、まったく違う。たとえば味方をマークしている選手が、かかとを上げた瞬間まで見ることができるか。その上げた足元のぎりぎりにパスを出しても、相手は重心の逆を取られているので防ぐことができない。本物の優れた目を持った選手というのは、ぱっと見ただけで、20、30メートル先のディティールまで読み取ることができる。あの相手の頭のすぐ上にボールを出したら、パスが抜けるぞ、とか。そういうディティールが見える人間だけが、首を振ったと

きに意味が出る。誰もがそういう目を持っているわけではないんです」

実は風間は、非常に優れた目を持っている。

サンフレッチェ広島でプレーしているとき、西日本にいるスポーツ選手を対象に、瞬間映像記憶能力を測定する大規模な調査が行われた。8桁の数字が一瞬だけ画面に現れ、それをどれだけ覚えられるかというテストである。

風間は、まず後輩の選手たちが試験を受けているところを、うしろから見ることにした。すると難なく、8桁を覚えることができた。しかし、後輩たちは4、5桁しか覚えることができない。思わず風間は、「おまえたち、真面目にやれ！」と注意してしまった。

すると検査をしていた医師が、ばつが悪そうに言った。

「風間さん、これが普通なんですよ……」

風間の番が来ると、周囲はその瞬間映像記憶能力に驚愕することになる。次々に8桁の数字を回答。医師は「あなたは西日本で一番の成績だ。こんな目を持った人に会ったことがない」と大絶賛したという。

この結果を聞いて、風間は思い当たる節があった。

「調子がいいときは、うしろを見なくても選手たちがどう動いているかわかったし、遠くにいる選手が近くに見えることもあった。そういうときはロングパスをすぐそこに出すかのように蹴れるのだから、ミスキックなんて絶対にしなかった」

おそらく名パッサーと呼ばれる人は、総じて優れた目を持っているのだろう。風間は中田英寿氏とTVを見ながら、画面に映っていない選手の動きを話し合ったことがあった。2人が画面に映ってないサイドバックの動きを議論し始めると、まわりにいた人は「なぜ、見えてないのにわかるの？」と驚いていたという。現役選手で言えば、中村憲剛や遠藤保仁が〝見えてないところまで見る力〟があると思われる。

密集地帯にいる味方に点で合わせるパスを出すときは、目がとても大切になってくる。かかとの動き、つま先が着地した瞬間など、わずかな相手の重心移動を見抜くことができれば、ボール1個分の隙間を見つけて、パスを出すことが可能になるからだ。

テクニックがある子供を見分けるのは比較的簡単だが、子供がどんな目を持っているかを見抜くのは、指導者にもかなりレベルが高い観察力と分析力が要求される。日本サッカー界にもっと名パッサーを増やすには、まずは見抜く目を持った指導者を、重要なポジションに置かなければいけないのである。

誤解6　マグネット式布陣論の落とし穴

日本サッカーの「相手の存在を考えない」という傾向は、サッカーを議論するときにも当てはまる。その代表例が、4‐2‐3‐1や4‐1‐4‐1といったフォーメーション論だ。

風間は布陣ばかりクローズアップする風潮に警鐘を鳴らす。

「あらかじめ自分たちが4‐4‐2でやろうと考えていても、相手が主導権を握ったら、自ずと選手の配置は相手のシステムになる。強い方の形になるのがサッカーです」

つまり、相手との力関係を考えないで、どのシステムにすべきだと論じても、机上の空論にしかすぎないのである。

また、たとえ相手を考慮したとしても、ただ自分たちのシステムと、相手のシステムを、紙の上で向かい合わせただけでは、根本的な問題は解決されていない。

日本の戦術書の中には、4‐2‐3‐1と4‐1‐4‐1を向かい合わせて、どこに数的有利ができ、どこに数的不利ができるかをチェックすべきだという本もあるが、実戦ではあまり役に立たない。

なぜなら、「誰がそこにいるか」という選手1人ひとりの個性を抜きに、どうシステムが機能するかを予想することなどできないからだ。

風間は選手の個性を考慮せず、11個の磁石を並べるかのように布陣を考えることを、「マグネット式布陣論」と呼んでいる。

「計22個のマグネットを向かい合わせて、ここが数的有利になるといっても、メッシのような個人能力が高い選手がいたらそんな足し算・引き算は吹き飛んでしまう。実際、僕は広島時代、バクスター監督から『1人で3人を相手にしろ』と言われて、実行したことがありました。僕が前に行ったら3人がついてきたので、そのまま高い位置にい続けたんです。こういう駆け引きは、マグネット式の考え方からは出てこない」

イタリア人のザッケローニが日本代表の監督に就任したとき、やはりメディアで話題になったのは、「どんなシステムにするか？」というマグネット式の布陣論だった。サッカーを見る側も、そろそろ発想を変えることが求められる（この内容については第2章でさらに詳しく紹介する）。

誤解7 本当の組織力とは何か

そもそも日本の場合、良し悪しは別として、「組織」についての概念が、ヨーロッパや南米と異なる部分がある。

日本では組織というと、個人力の見劣りをみんなで助け合って、カバーし合おう、という感覚を持っている。だが、ヨーロッパや南米では、組織とは個人力のなさを補うものではなく、それぞれの武器をさらに際立たせるためにあると考えられている。まわりからのサポートを必要とする選手など、最初からいないという前提がある。

この組織の捉え方の違いは、守備のやり方ひとつとっても如実に現れている。

風間は筑波大学を率いていたとき、こんな場面によく出くわした。

「入学したばかりの選手は、守備のときに、ドリブルで1対1になっているチームメイトの後ろにポジションを取ろうとすることが多い。『なんでそんなところにいるんだ?』と訊くと、『カバーリングのためです』と答えが返ってくる。味方が抜かれることを前提でプレーしているということです。だから僕は『1対1で勝つのが当たり前。味方を信じて、カバーリングはしなくていい』と伝えた。もちろんサポートが必要なときもありますが、無条件にカバーリングをするような意識は変えなければいけません」

乱暴に言うなら、ヨーロッパや南米は1対1は勝つという前提の上に成り立つ「強者の組織論」であるのに対し、日本の場合、1対1で負けるのをみんなでカバーし合う「弱者の組織論」なのである。ビジネスの世界なら日本流の考え方でも通用するのかもしれないが、サッカーでは1チーム11人に制限されている。補うより、高め合った方が、強くなるのは言うまでもないだろう。

個人は弱い者という先入観があるからか、日本の場合、「戦術」の概念においても大きな誤解がある。日本で戦術といえば、多くの人はシステムやコンセプトをイメージすることが多いだろう。

しかし、システムやコンセプトは、正確には「グループ戦術」、もしくは「チーム戦術」のことだ。日本のメディアが戦術を語るとき、戦術に含まれるもうひとつ重要な要素を忘れてしまっていることが多い。

それは「個人戦術」である。

この言葉を初めて聞く人も多いかもしれないが、極めて重要なキーワードである。

個人戦術とは、文字どおり、個人レベルの戦術であり、攻守における個人の戦闘方法だ。「守備の1対1で負けてはいけない」というのもそうだし、「負けているときは、組織を逸脱してリスクを冒して攻める」というのもそう。サッカーの常識と言ってもいい。

すでに書いたように、サッカーの組織というのは、1対1で勝てる個人が集まって成り立つものだ。そこに1人でも個人戦術がない選手が入ってしまうと、そもそも組織など成り立たなくなってしまう。

風間は「日本には、個人戦術が欠けている選手が多い」と感じている。

「試合に本当に勝ちたいと思ったら、自分がどう動くべきかなんていうのは、誰でもわからなければいけないこと。試合に負けているときに、前半と同じように自陣に戻って守備をするFWがいるけれど、それでは点は取れない。状況に応じて、プレーを変えなければいけません。それが個人戦術です」

もちろん風間も、システムは重要な要素のひとつだと考えている。だが、システムは個人戦術がある選手が集まって初めて成り立つもので、もっと高い次元の話。日本の場合、まずは個人戦術をクリアしないと、いくらシステム論を議論しても浅いものになってしまう。

また、調子が悪いときに、それでも活躍できるようにプレースタイルを変えるというのも、個人戦術のひとつだ。

「選手ならば誰だって、ボールが止まらないと感じる日がある。そういうときに、いかに結果を出すかがプロというもの。ボールが止まらないなら、ダイレクトでパスしたり、トラップしないで反転したり、止めないようにしてプレーしたり、普段と違うエリアでボールを受けるようにすればいいだけのこと。いつもより、ちょっと頭を働かせてプレーすればいいんです。今日はドリブルの切れが悪いなと思ったら、相手からボールを奪って攻めればいい。そうすれば、その選手の評価は落ちません」

中田英寿氏は、それがうまい選手だった。体の切れがない日は、まわりをうまく使ってプレーし、切れがある日は、どんどん自分がドリブルで仕掛けてゴールを狙いに行く。日本の中では、類いまれな個人戦術を持つ選手だったと言えるだろう。

誤解8　簡単な答えをほしがってはいけない

それにしてもなぜ、日本ではここまでシステム論が流行してしまったのだろう。風間は「簡単な答えをほしがっている傾向があるから」と考えている。

「サッカーというのは、相手によって答えが変わるもの。なのに日本では、どのシステムが一番いいかといった答えをほしがる。それではダメ。いろんな状況に応じて、答えを出せるのが強いチーム。たとえば、相手がボールを持つ時間が長ければ、3回しか攻められないけど、それをゴールに結びつけるには何をすべきか、と考えられるチームであるべき。日本サッカーは、試合前に決めたことにとらわれすぎているきらいがある」

約束事にとらわれるがために、窮屈になっている。

それは日本代表にも、Jリーグにも共通する問題点だろう。

「日本は何々をしないといけない、という意識になってしまっている。サッカーというのは『何をしなければいけない』ではなく、『何をしたいか』のスポーツだというのに。サッカーは遊びの延長だということを忘れてしまっている」

答えをほしがるのは、選手だけでなく、指導者も同じだ。

「自分がプレーしていたときに比べると、今はすごく紙の上の知識が増えた。それが選手を指導するときに、邪魔になってしまっている。まるでピッチが職員室のようになっているんです。子供を職員室に連れて行ったら、大人しくなってしまうのは当たり前ですよね（笑）。今、日本の育成で一番大切なのは、教えすぎないこと、です。自分でやらせるという指導をする。そのときに、はじめて日本は変われると思うし、自由になれると思う」

ユース年代でボールキープがうまいが、ゴール前で時間をかけてしまう選手がいたとしよう。多くの指導者が、早くボールをまわせ、と指導してしまうのではないだろうか。だが、風間は「そういう選手には、点を取って来い、というのが筋」と考えている。ピッチの上で、一番大切なものはゴールだ。速いパスまわしという手段を、目的に混同してしまってはいけない。

「筑波大学ではボールまわしでも、タッチ数を制限しなかった。監督として自分が言うのは、『ボールを取られるな』ということ。だから、6対2で輪になってボールまわしをするときにも、外にいる選手がどんどん中に飛び込んでパスを受けていい。意識を変えれば、誰でもできるようになります」【図5】

ここまで厳しい意見を紹介してきたが、おそらく風間ほど日本サッカーの可能性を信じている指導者はいないだろう。風間は、発想を変え、そのうえで「緻密さ」という日本の武器を発揮すれば、必ず世界のトップレベルに到達することができると考えている。

「日本人選手のプレーは正確だし、何より継続して課題に取り組めるという長所がある。バルセロナがやっているようなことを、もっと緻密にすることが日本ならできるということです。日本の指導者たちが本気で人を外す才能を持った子や、パッサーとしての目を持った子を探し出すようになれば、日本のサッカーはもっと楽しくなる」

では、どうやったら特別な子供たちを発掘することができるのか？　風間はこんな案をあげた。

「日本の学校システムは、本当に素晴らしい。もし日本の教育界の協力を得られて、放課後の3時半くらいから、グラウンドで低学年なら基本技術を30分、ゲームを30分、高学年ならそれぞれ45分、週1回でもいいからサッカー講習ができれば、ものすごいスカウティング網になる。オランダが約1600万人を網羅していますよと言っても、日本には1億2000万人いる。比じゃないですよね？」

いくらヨーロッパから実績のある監督を連れてきても、結局のところ、日本サッカー界の思考法が変わらなければ、チームとして強くなるのは難しい。ここで提案したい新常識は次のものだ。

・サイド攻撃は万能ではない。ゴールは3辺から攻めるべき
・スペースがなくても、人を外せば攻略できる
・動いている選手の足元へのパスが最も難しく、最も効果的
・ドリブルは自分が動くのではなく、相手を動かすイメージで
・育成では、技術だけでなく、「目の才能」の発掘が重要
・個人戦術がなければ、組織など成り立たない
・サッカーは相手によって答えが変わる

日本サッカーが、ヨーロッパサッカーと同じスポーツに見えないのは、いくつかの部分で「常識」から外れていたからだ。だが、意識さえすれば、それを改めるのは難しいことではない。

とにかくキーワードは「相手を見てサッカーをする」こと。

2014年までに、日本サッカーの次なる扉を開けるのは、決して不可能なことではない。

【図5】ボールまわし

一般的なボールまわしでは鬼役の外でボールをまわすが、風間監督が筑波大で行っていたボールまわしでは、外にいる選手がどんどん中に入ってボールを受ける。タッチ数の制限もない。要は「ボールを奪われなければいい」という考えがある。

◎一般的なボールまわしの練習

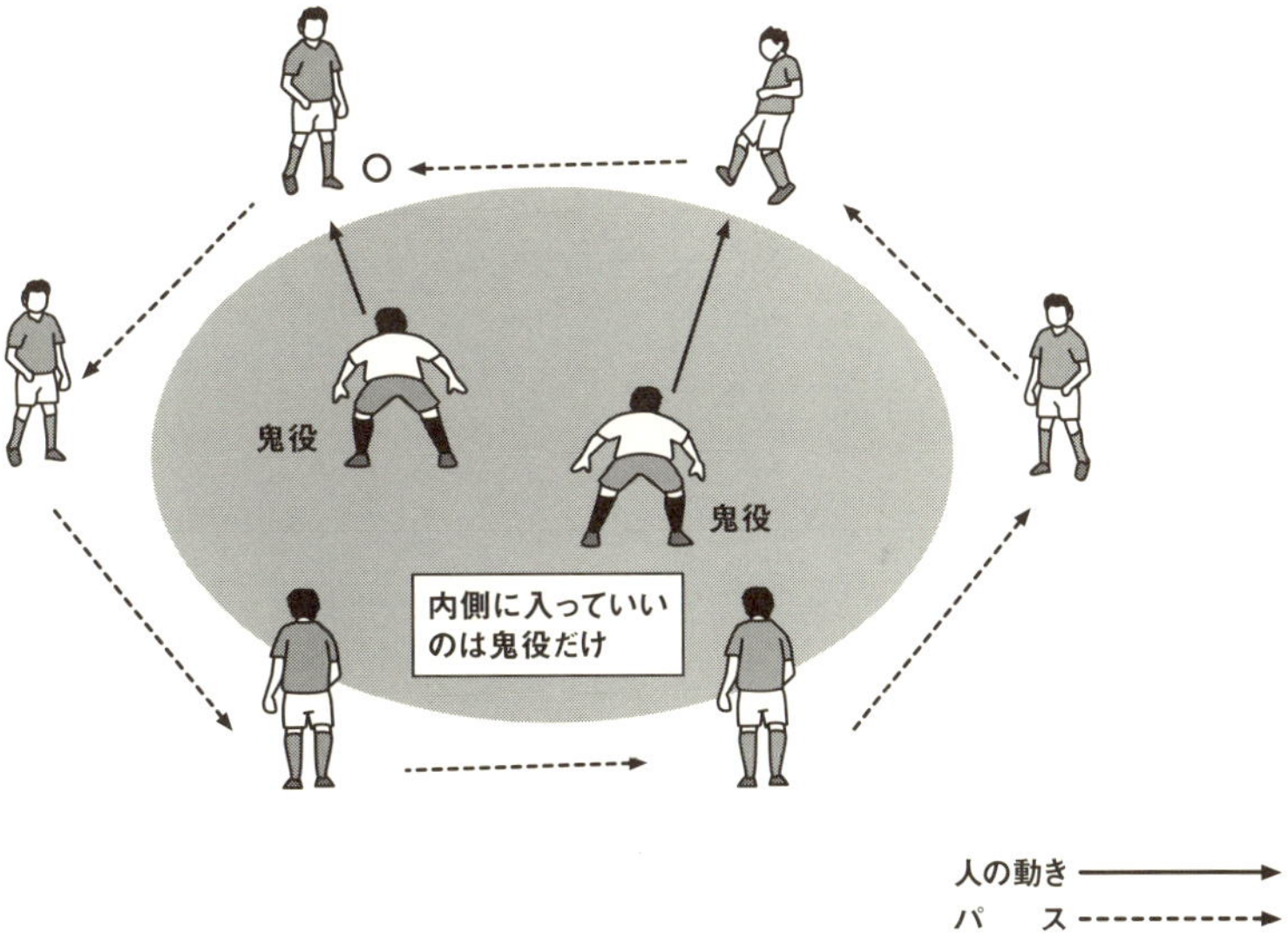
鬼役
鬼役
内側に入っていいのは鬼役だけ
人の動き
パ　ス

◎風間流ボールまわしの練習

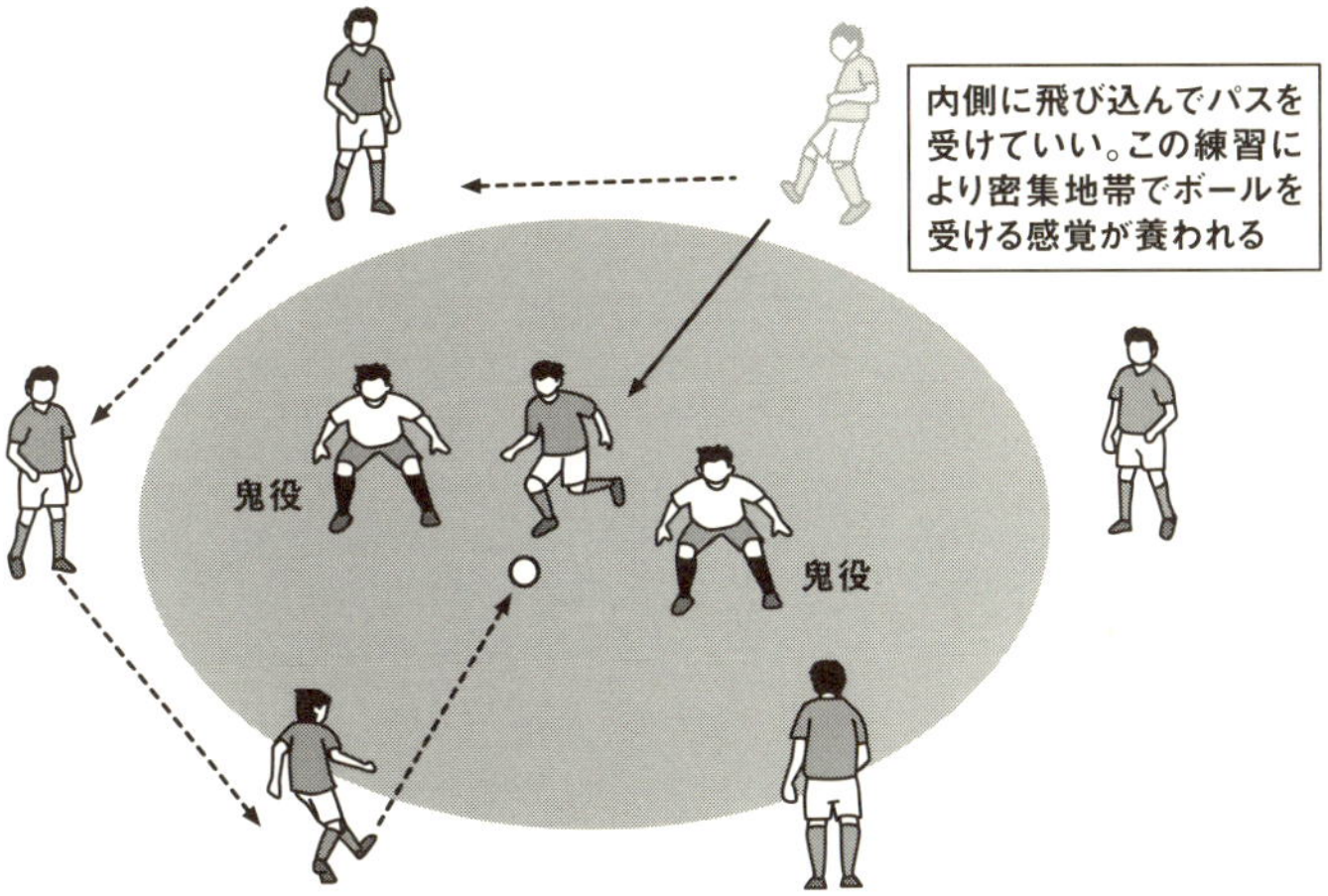
内側に飛び込んでパスを受けていい。この練習により密集地帯でボールを受ける感覚が養われる
鬼役
鬼役

取材後記

この原稿を書くために風間さんに行ったインタビューは、個人的に極めて重要なターニングポイントになった。

このとき、初めて筑波大学蹴球部の練習を観たのだ。

それまでに風間さんのインタビューをしたことは何度もあったのだが、すべて東京で行っていた。風間さんはTV番組の収録や解説の仕事で頻繁に東京を訪れるので、そのタイミングで取材させてもらっていたからだ。

だが、今考えると、当時の自分は完全に「わかったつもり」になっているにすぎなかった。いくらインタビューを重ねていたとはいえ、あくまで言葉を介しての理解であり、実際に風間さんが築こうとしているサッカーを目にしていたわけではなかった。当然、どれだけ狭いところでパスを通すのかという距離感や、どれだけパスが速いかといったスピード感はわかるわけがない。

だから風間さんは、それに気がつかせるために、会うたびにこう言ったのだろう。

「とにかく練習を観に来い」

それがついに実現したのが、この取材だった。

実際、練習を観て衝撃を受けた。パスまわしのメニューひとつとっても、とにかく狭いし、とにかく速いのである。目で追おうとしてもついていけず、正直、何が起こったかわからない場面が何度もあった。

たとえば、紅白戦のゴール前。誰かが前を向いてボールを持つと、選手たちが一斉に動き出して、決定機を作り出していた。よく日本では「引いた相手を崩すのが課題」と言われるが、筑波の選手たちはそれをいとも簡単に実行していたのである。

これ以降、インタビューのアポイントがないのに、筑波大学の練習を観に行くようになった。間違いなくそこに、世界のサッカーを変えうる、新たな〝常識〟が生まれつつあると確信したから。

第1章の
ココがポイント

Kazama's Selection

◎人を外す技術を身につければ、敵がたくさんいようが、スペースが少しだろうが、自由にボールを受けられるようになる。

◎サッカーはボールを持っている選手が一番偉い。

◎どこにでも蹴られるところにピタッと止めるトラップが、まわりの選手が動き出す合図になる。

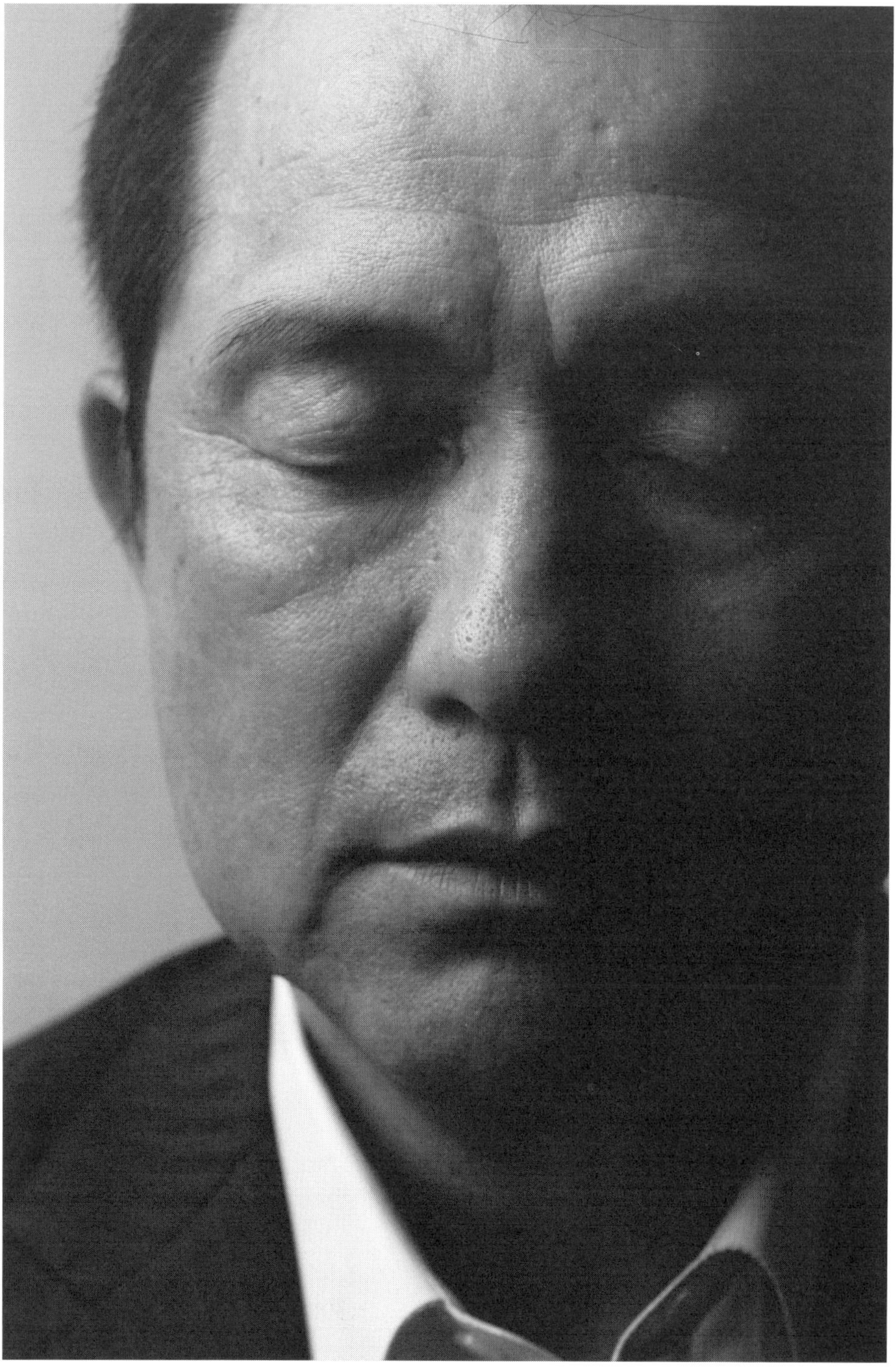

「俺から学ぶな。明日、俺を越えることを考えろ」

「自分への期待が大きければ、本気で変われる」

Chapter.2 Introduction

日本に限らず、TVのサッカー中継では、必ず最初に先発の予想フォーメーションが表示される。確かにシステムは大事だし、勝負の行方を決めることもあるだろう。だが、「ヨン・ヨン・ニ」や「サン・ゴ・ニ」といった数字の並びだけにとらわれてしまうと、本当に大切なことを見落としてしまう。

実際、風間さんはこう言い切る。

「個人の能力を無視したシステム論は何も意味がない」

新たな発想のサッカーを志向する風間さんは、“戦術”というものをどう捉えているのだろう?　第1章の【誤解6】と【誤解7】で触れた「マグネット式布陣論」、「グループ戦術・個人戦術」というキーワードをさらに掘り下げたい。

第2章

システム論を語る前に理解すべきこと

初出『ジャイアントキリング・エクストラvol.2』（講談社）掲載　2010年7月

マグネット式システム論の落とし穴

今、日本のサッカーメディアの間では、システム論が欠かせないものになっている。「日本代表は4－1－4－1がいい」、「いや3－4－3にすべきだ」といった議論を、TVや雑誌でよく目にするだろう。

しかし、こういう見方を「底が浅い」とバッサリ切り捨てる人物がいる。18歳で日本代表にデビューした天才、風間八宏だ。

風間は、断言する。

「日本のシステム論には、大きな問題がある。それは人の能力が存在しないこと。11個の磁石をただ並べただけの『マグネット式』になってしまっているんです」

確かに日本では、選手の能力を無視して、「トレンドは4－2－3－1だ」、「3－5－2は古い」などと議論されることが多い。しかし、TVゲームはそれでもいいかもしれないが、現実のサッカーはそんなに単純ではない。

マグネット式の問題点をよりはっきりさせるために、実際の例をあげることにしよう。

風間が現役時代、サンフレッチェ広島でプレーしているときのことだ。相手は清水エスパルス。当時広島を率いていたバクスター監督は、こう指示した。

「今日は森保一を清水のトニーニョのマークにつける。だからヤヒロ、おまえは右サイドで、1人で3人を相手にしてくれ。おまえならできるよな?」

サッカー界では、よく『数的有利』とか、『数的不利』という言葉が出てくる。あるエリアにおいて、どちらのチームの選手の方が多いかということだ。その考え方でいえば、(風間1人)対(相手3人)は、完全な『数的不利』である。

しかし、それはマグネット式の考え方にすぎない。

キックオフの笛が鳴ると、風間は相手の出方を探るために、あえて前方にポジションを取ってみた。すると相手は、風間をフリーにすることを恐れ、3人とも自陣に戻ったのである。こうなったら、しめたもの。風間は前にポジションを取ることで、3人を思いのままに振りまわすことができた。

「メッシのような選手がボールを持ったら、相手は1人じゃ止められませんよね? だからメッシがいるだけで、そのエリアでは数的有利になる【図6】。こういう部分が、マグネット式のシステム論では全く考慮されていない。選手が誰でもよくなっちゃうのがマグネット式。誰かじゃなきゃダメなのが、真のシステム論です」

同じ4-2-3-1でも、どこにスペシャルな選手を置くかで、全く違うシステムになる。もし右サイドにメッシがいたら、相手の選手たちはそこにひきつけられるし、左サイドにクリスティアーノ・ロナウドが

【図6】マグネット式システム論の落とし穴

「4－2－3－1」「3－4－3」など選手の能力を無視した単純な数字の並びだけではサッカーを読み解くことはできない。どういう選手がそのポジションにいるのか、どんなプレーをするのか、個々の能力と判断に応じて数的有利・不利などの状況は常に変化していく。

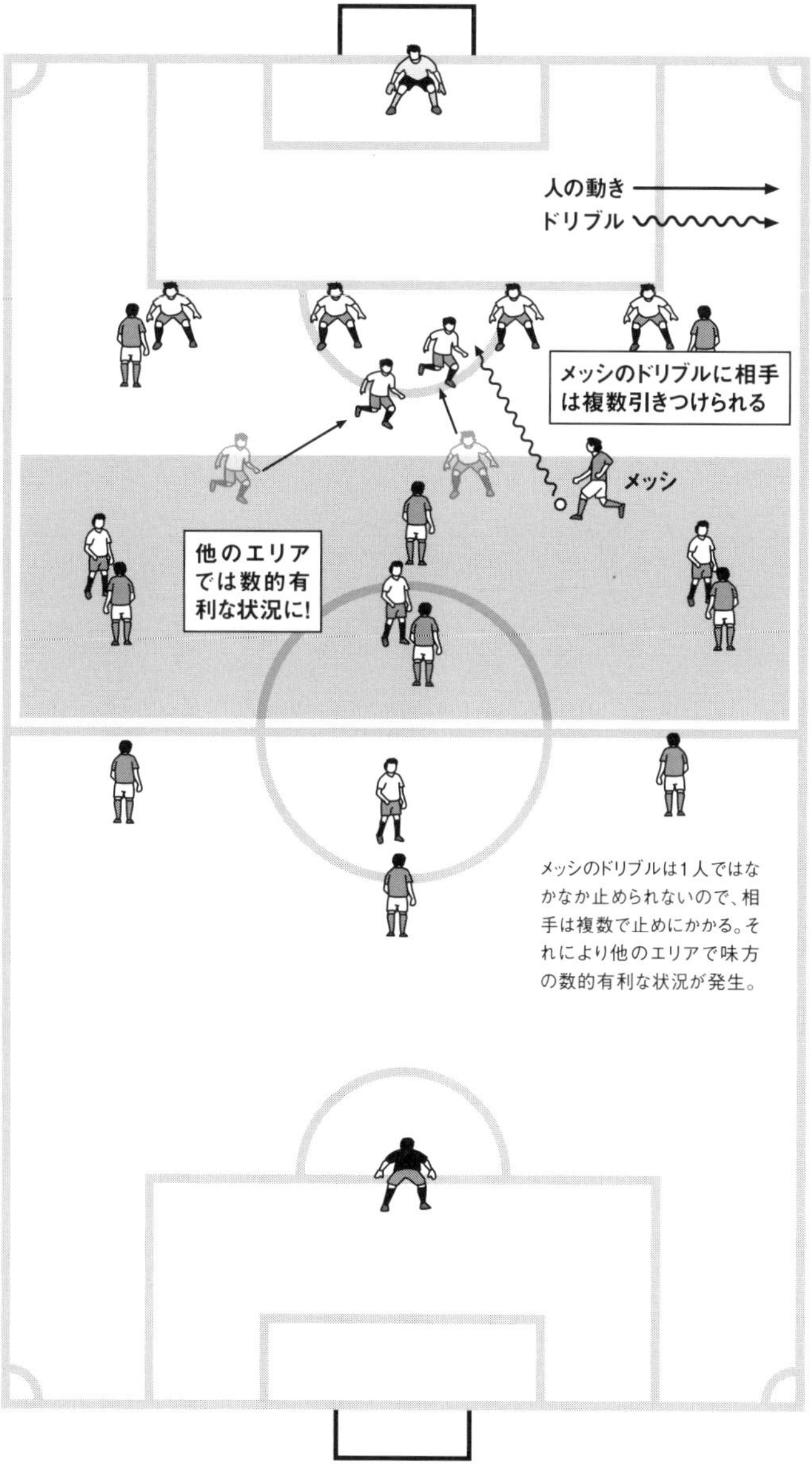
人の動き
ドリブル
メッシのドリブルに相手は複数引きつけられる
メッシ
他のエリアでは数的有利な状況に!

メッシのドリブルは1人ではなかなか止められないので、相手は複数で止めにかかる。それにより他のエリアで味方の数的有利な状況が発生。

いたら、そちらにひきつけられることになるからだ。

また、サッカーは相手がいることも忘れてはいけない。自分たちがやりたいことを、常にできるとは限らないのだ。だから試合においては、「優勢なチームのシステム」がピッチに描かれることになる。

風間は言う。

「優勢な方のチームが攻めると、もう一方は守らなければいけない。このときシステムは、どうなると思いますか？　守る方は基本的にマークしなきゃいけないから、ピッチに描かれるのは、攻めているチームのシステムですよね。つまり、どんなに『こういうシステムでやろう』とあらかじめ考えていても、結局、自分たちが劣勢になったら、相手のシステムの形になってしまうんです。システムを考えるときには、両チームの力関係まで考慮して、作らなければいけません」

日本がブラジルと対戦したとしよう。いくら準備しようが、試合が始まったら、結局ブラジルのシステムになる。相手を考えずに、システムを議論しても、それはただの机上の空論だ。

Jリーグであった実際の例を再び出そう。

広島がヴェルディ川崎（現東京ヴェルディ）と対戦したときのことだ。

当時、ヴェルディはサイドバックのパス能力が高く、広島はサイドから崩されて負けることが多かった。

そこでバクスター監督は、次の戦略に出た。

「相手がボールを持ったら、うちの2トップはヴェルディの左右のサイドバックをマークしろ。ヴェルディのセンターバックは、それほどテクニックがないから、わざとそこにボールを持たせるんだ。そして、ヤヒロと森保がパスコースを限定してボールを奪え！」

相手を優位にさせないために、自分たちのシステムを調整したということだ。この戦略が当たり、広島はヴェルディに勝つことができた。

センターバックとサイドバックの能力を考えずに、ただのマグネットとして見たら、こういう戦略は決して思いつかないだろう。

逆に相手チームがマグネット式のチーム作りをしていたとしたら？

「そういう相手を攻略するのは簡単」と風間は言う。

「マグネット式のチームは、前後左右が同じ『均等バランス』でしかない。そういう相手は振り回してやれば、簡単に崩れるんです」

たとえば、相手が4‐4‐2だったとしよう。そんなとき風間は、自分たちの4人の選手を、相手の中央の2人のセンターバックにぶつける。すると相手は『守備の人数が足りない！』とパニックになって、組織がボロボロに崩れてしまう。

風間はこんなたとえ話を出した。

「あなたがコンパで、好きな女の子の横にいたとしましょう。そこに突然、格好いい男が彼女の横に来たら、あなたは動揺しますよね？　でも、ヨーロッパの人だったら、その格好いい男の横に、他のかわいい子を連れてきて対応する。サッカーも同じこと。いろんな手があるんです（笑）」

ここまでサッカーを観戦するうえで、いかにマグネット式のシステム論が、役に立たないかを見てきた。では、もし自分が選手としてプレーするときには、システムをどう考えるべきだろうか？

大学に入学すると、「システムは4‐4‐2ですか。それとも3‐5‐2ですか」と訊く選手がいる。そんなとき必ず風間は、「そんなことをおまえに求めてない」と一喝するという。

「今の日本では、なぜか選手も『チームの全体像を知らなきゃいけない』という風潮になっている。でも、一部の天才を除いて、選手がピッチの全体像を見られるわけがないんですよ。逆に言うと、監督というのは、選手が全体像がわからなくてもプレーできるように、個別に指示を出さなきゃいけない。たとえば右サイドの選手には、『目の前にいる相手を抑えろ。攻撃になったら、10本センタリングを上げろ』と。そういうことを11人全員に言えば、3-5-2だろうが、4-4-2だろうが、ワントップだろうが関係ないんです」

サッカーの戦術・戦略というのは、3つの要素から成り立つ、と風間は考えている。①個人戦術、②グループ戦術、③チーム戦略の3つだ。

まず『個人戦術』は、「20回相手からボールを奪う」といった個人に与えられたタスク(役割)のことだ。監督はそれぞれの選手の武器を考慮し、各自に個人戦術を与えて、ひとつのチームにする。

当然ながら、その選手が実行できないような個人戦術を与えても意味がない。たとえば日本代表の岡崎慎司に「中央でのポストプレー」「サイドに流れるプレー」「前線からの守備」のすべての役割を求めるのは酷だろう。

「それは数学も国語も社会もやれって言うようなもの。自分だったら、『体育だけにしてください』って言い返したくなるでしょうね(笑)。個人戦術は選手の武器を生かすためのもの。選手を窮屈にさせるためにあるわけではないんです」

2つ目の『グループ戦術』は、「チームとしての武器をどう出すか」というコンセプトだ。どのチームにも、攻撃の中心を担うエースがいる。そのエースが武器を生かせるように、まわりがサポートしなければいけない。ときにはチームメイトのために犠牲になる。それがグループ戦術だ。

3つ目の『チーム戦略』は、広島の清水戦やヴェルディ戦で出した例のような、「いかに相手の武器を出させず、自分たちの武器を出せるようにするか」ということ。対戦相手によって変わる部分だ。

「たとえば、相手に押し込まれたとしましょう。このときボールを『持たせている』と考えるのと、『持たれている』と考えるのでは違いますよね？　少なくとも、意識の中で『持たせている』っていう戦い方をしなくちゃいけない。バルセロナとやったら、自分たちがボールを持つことは難しい。だけど、ボールを『持たれている』じゃなく、『持たせている』っていうことは可能かもしれない。メッシに対しては、負けないことが勝ち。ボールを持たせても、パスを出させればいいんです」

風間監督は「日本はもっとサッカーを踏み込んで考えるべき」と感じている。

「選手にはできることとできないことがあって、できることばかりでやらせてあげれば、チームはうまくいくんですよ。だけど、相手がいるから、そうはいかない。そこをどう生かすかが戦術・戦略。マグネットを並べるだけのシステム論じゃ何も見えてこない。やられないための最大限のサッカーをやるのではなくて、このチームの最大限を引き出すために何をするかっていうことから考えていくと、自然に戦術・戦略は決まってきます」

個人がどんな役割を与えられ、それがどうグループとして融合し、相手や試合展開によってどうやり方を変えるか――。サッカーはマグネットではなく、人がやるものだ。選手の能力によっては、左サイドに7人いて、右サイドに1人しかいない、なんてシステムでもいいのである。

取材後記

今考えると、相当にトンチンカンだった。

そもそもこの取材をする段階でこちらがイメージしていたのは、風間さんに「4-4-2」や「3-4-3」といったシステム論を語ってもらうことだったのである。

しかし、原稿にも書いたとおり、いきなり風間さんから「おまえは何もわかってないな」とお叱りを受けた。

「個人が当たり前のことをできてなかったら、チームとしての戦術なんて成り立たない。先入観にとらわれすぎている」

この取材をした当時、日本のサッカーメディアではフォーメーションやシステムを議論するのが大流行していた。数字の並びでシンプルに違いを表現できるのが、サッカーを見るとっかかりとしてウケたのだ。自分も、そのひとりだった。

しかし幸運にも、風間さんを取材することで、そういう従来のシステム論が机上の空論であることに気がつくことができた。

もちろんシステムに、まったく意味がないというわけではない。

相手にボールを取られたときに、簡単にやられないために、それぞれ自分の持ち場に戻るのは大切なことだ。そういうとき、システムは「どこに戻るか」という点において、ひとつの目安になる。

ただし、やはりあくまで目安なのだ。

どういう選手が、どこのエリアでボールを触っているかということの方が試合中にははるかに大事である。今日はあまりシャビがボールを触れていないな、今日はメッシがパスを受けるエリアがちょっと後ろ気味だぞ……というように。

この風間さんへの取材は、数字ばかり追いかけて混乱しそうだった頭を整理する絶好の機会になった。

第2章のココがポイント

Kazama's Selection

◎同じシステムでも、どこにスペシャルな選手を置くかで、まったく違うシステムになる。

◎監督というのは、選手が全体像がわからなくてもプレーできるように、個別に指示を出さなきゃいけない。

◎選手にはできることとできないことがあって、できることばかりでやらせてあげれば、チームはうまくいく。

風間流サッカー観戦術①

TV画面の四隅を意識しながら見る

サッカーをTVで見るとき、プロがどこに注目しているかというのは、観戦者にとってすごく興味があるところだろう。では、フジテレビの解説者として熱狂的な人気を誇った風間八宏さんは、画面のどこを見ているのか？ そんな質問をぶつけたところ、風間さんから返って来たのは、聞いたこともないような“視点”だった。

「TVだと、スタジアムみたいに全体を見渡せないだろ？　だから、ボールを見つつも、画面の四隅に誰がいるかを見ておくようにするんだ。当然、選手が映ったり、消えたりするんだけど、より広い範囲が見えるようになるよな。そうすると画面には映ってないところまで、わかるようになる。TVでサッカーを見るときは、無意識のうちにそうやっているよ」

これをやろうと思ったら相当な集中力が必要で、のんびり見ようとするときにはそぐわないかもしれない。だが、サッカー観戦に慣れた上級者なら、腕試しとして挑戦してみると、別の世界が見えてくるはずだ。

革命へのステップⅡ

正解ではなく、絶対を作る

第3章　風間八宏が解き明かすバルセロナの新常識

第4章　日本代表が身につけるべき武器

第5章　Jリーグはもっと強くなれる

Chapter.3 Introduction

今、世界中のクラブや代表チームが、バルセロナのやり方をお手本にして攻撃サッカーを目指そうとしている。ユーロ2012では、守備的で知られるイタリア代表までもがバルサ流のやり方に舵を切った。

だが、バルサと同じ方向に進みたいと考えても、“どうすればいいか”を理解している人はほとんどいないだろう。そこで何が起こっているかを見極めるのは簡単ではないからだ。まだほとんどのチームが、上辺をコピーしただけにすぎない。

すでに風間さんは、バルサを理解する作業を終えている。

TV番組の企画でたびたびバルセロナを訪れ、何人もの指導者にインタビューを行った。もちろん風間さんはバルサの真似をしているわけではないが、攻撃サッカーを本気で追求する中で、多くの共通点があることに気がついた。

いったい風間さんはバルサをどう見ているのか？　日本が攻撃サッカーを目指すうえで、大きなヒントになるはずだ。

第3章

風間八宏が解き明かすバルセロナの新常識

初出『欧州サッカー批評issue04』(双葉社)掲載　2011年8月

サッカーの常識を変えたバルセロナの〝発明〟

もし「ポゼッション」や「ショートパス」といった既存の言葉だけでバルセロナを語ろうとしている人がいたら、きっとそこで新たに生まれようとしているサッカーの発想をとらえることはできないだろう。

これはもはや〝発明〟のようなものだ。

サッカー界では90年代以降、ボールを持っている相手がミスをすることを前提にした「守備側が優位」というサッカーが長らく主流になっていた。プレスをかけてボールを奪ったら、全速力で相手ゴールに迫るという考えで、「守攻の速い切り替え」「コンパクト」といった用語がキーワードになった。

おそらくイタリア人のアリーゴ・サッキが、誰にでもわかりやすいようにゾーンプレスの練習法を開発したことが大きかったのだろう。いつしか組織的な守備は当たり前になり、「いかにボールを奪うか」が得点への近道と考えられるようになった。

だが今、そういう時代の終焉を、バルセロナが告げようとしている。

風間八宏は言う。

「守備をしている側が相手より優位に立っているという考え方が、90年代にあった。でも、それだけでは勝てなくなり、攻撃と守備両方のバランスを考え出したのが２０００年あたり。そして、そういう考えをすべて攻撃によって凌駕したのがバルセロナなんです」

１９７９年のワールドユースにマラドーナが出場したとき、対戦こそなかったが風間も日本ユース代表として出場していた。いかに攻撃で相手を圧倒できるかだけを考えていた。だから、この流れは〝原点回帰〟と感じている。

「自分たちがサッカーをしていた時代は、ボールを持っている人間が王様だった。だから、元に戻っただけなんですよ。ただ、守備側のやり方が進んだ分、より正確な技術と動きが求められ、それを全員が共有しなければいけなくなっている。バルセロナの練習を観るとわかるんですが、止めて蹴るといった基本的な技術が恐ろしく高い。ダイレクトでプレーできる分、手で扱うよりも上のレベルになっている」

風間はフジテレビの解説のため、長年、チャンピオンズリーグの決勝を現地で観る機会に恵まれた。２００９年にバルセロナがマンチェスター・ユナイテッドに2対0で快勝した試合も、２０１１年に再びバルセロナが3対1で勝った試合もスタンドから観た。だからこそ、バルセロナが見せ続ける進化に心から驚きを覚えている。

「２０１１年のチャンピオンズリーグ決勝でマンチェスター・Uは2年前からさらにパススピードが上がり、確実に強くなっていた。相手を徹底的に研究して、ボールを奪ったら素早く前にボールを出そうとしていた。でも、バルセロナの方は、相手なんて関係ないくらいにもっと先に進んでいた。やろうとしていることがさらに明確になり、それがチームとして共有されていたんです」

もはや名監督の概念が変わりつつあると風間は見ている。

「バルサはチームをしっかりと作っていかないとダメな時代になったことを示した。どんなに必死にスカウティングをしても、一夜漬けでは勝てない。サッカー界に大きな変革が起きていると思います」

あまりにも先を行きすぎているため、バルセロナで何が起こっているかを理解するには、既存の戦術論を一度リセットする必要がある。風間の解説を元に、【バルサを理解する3つの基礎】【バルサを支える構造】【バルサが示す新常識】という項目に分けて、バルセロナのサッカーを分解していくことにしよう。

【バルサを理解する3つの基礎】STEP 1　人を外す

人を外すとは、第1章の【誤解2】で触れたように、「ボールをもらうために、正確なタイミングでパスコースに顔を出す」という動作のことだ。これをなくして今のバルセロナはない。大切な概念なので、改めて詳しく書こう。

たとえば、「相手の重心の逆を取る」動作。右に行くと見せかけて、相手がそれにつられたら、スッと左に動いてパスをもらう。同じように前に行くと見せかけて、バックステップしてもいいし、走っているときに急ストップしてもいい。相手がどんなに至近距離にいようと、右足に体重がかかっていたら、左に動くことはできないので、重心の逆を取ればボールを受けられる。

「相手の視野から消える」という動作もある。相手の背後にいて、パスが出てくる瞬間にすっと前に出れば、相手は動きを読んでいない限り反応できないだろう。逆に最初はわざと相手の前にいて、突然視野から消えようとする動きをし、相手が嫌がって体の向きを変えたら、その逆を取ってボールを受けることもできる。シャビは中盤の位置を問わず、バックステップやサイドステップを巧みに使って、ほぼ90分間、人を外し続けている。シャビにボールが集まるのは、こういう動きによって絶え間なくパスコースに顔を出しているからだ。

「世界中を見渡しても、シャビくらいこの動きをやり続けられる選手はいないと思う」と風間は見ている。

ここで大切なのは、チームメイトがボールを出せる状態になっていないときは、いくら人を外す動きをしても意味がないということだ。

風間はこの大切さを説明するために、「セットする」という表現を使っている。

「パスの受け手は、出し手がボールをセットして、パスを出せる状態になったタイミングで動かなければいけない。正しいタイミングで動かないと、相手がついてきてしまうのでパスコースを消してしまうだけだ」

早すぎても、遅すぎても合わなくなる。人を外す動作には、相手との駆け引きとタイミングが大切だ。

【バルサを理解する3つの基礎】STEP 2　点で合わせるパス

もしパスをもらう「受け手」がうまく人を外したら、今度はボールを持っている「出し手」に高いレベルのパスが要求される。ここで重要なのは、受け手の足元にドンピシャで合うパスを出さなければいけないということだ。せっかく狭いスペースでパスをもらえる状態を作ったのに、パスがずれてしまったら、簡単に相手に取られてしまうだろう。風間はこれを「面で合わせるのではなく、点で合わせるパス」と呼んでいる。

足元へのパスと聞くと、どうしても日本サッカーの既存の知識だと、「攻撃の停滞」をイメージしてしまうかもしれない。だが、バルサの場合は違う。すっと動き出して相手の逆を取った選手、もしくは急ストップして立ち止まった選手など、受けられる状態を作った選手の足元に出すので無駄がない。受け手側がきちんと人を外して、そこに足元へのパスを出せれば、時間も空間も最短・最小のサッカーができるのだ。

言葉にすると簡単そうだが、これが極めて難しい。限られた時間の中で、相手のプレッシャーを感じながら、味方の一瞬の動きを予想してピンポイントでパスを出さなければいけないからだ。パスが50センチずれれば、受け手が動き直さなければいけない分、ゼロコンマ数秒攻撃が遅くなる。そういう時間軸の中で、バルサはサッカーをしているのだ。

風間はシャビのサイドキックに注目している。

「サイドキックというのは、どうしても長くて強いパスを出すのが難しいんですが、シャビの場合は違う。本当にサイドキックかと思うほどに、30～40メートル級のパスを出せる。サイドキックは足の振りが小さいので、相手は読みづらい。ちょっとしたことですが、ものすごい技術ですよ」

【バルサを理解する3つの基礎】STEP 3　全員が発想を共有

受け手が人を外し、出し手が足元にピンポイントで出す。これができるようになれば、確実に中央からも攻められるようになる。あとはいかに全員がこういう発想を共有してサッカーをできるかで正確さと速さが決まってくる。

２００９年にバルセロナがチャンピオンズリーグで優勝したとき、チームにはエトーやアンリといった古典的なスピードを武器にする選手がいた。それゆえにスペースに漠然とボールを蹴って、選手を走らせるようなシーンもあった。だが、足元でパスをつなぐサッカーをやり続け、さらにそれに適した選手を揃えたことで、今では11人が同じイメージを共有できるようになった。

風間は1年間しか在籍しなかったイブラヒモビッチを例にあげた。

「イブラヒモビッチは期待されて加入したものの、相手の逆をつくといった動きがあまりできず、結局バルサが求めているサッカーには合わなかった。こればかりはチームに入れて、実際に一緒にやらせてみないとわからないこと。普通イブラヒモビッチほどの選手をいらないなんてことはないですよね。サッカーの発想そのものが今までとは違うので、必要になる選手も違ってくるということです」

ビッグクラブなら資金力にものを言わせて、バルサ的な感覚を持っている選手を1人か2人はそろえられるかもしれない。だが、11人すべてをそろえるのには、やはり自分たちの下部組織で小さい頃から同じ発想の下に育成しなければ実現しないのだ。

【バルサを支える構造】

とはいえ全員が、密集地帯でパスを受ける達人でなければいけないというわけではない。特定の選手が中央でパスを受けて相手の組織を壊し、他の選手が意識を共有してそれに呼応するように動けばいい。

バルサにおいて、中央でボールを受ける役割を担っているのが、シャビ、イニエスタ、メッシだ。極論すれば、この3人だけで基本的にパスをまわしているようなもので、3人にパスを出せないときにサイドにいるペドロやビジャといった他の選手を使うという形になっている。

シャビはDFラインからボールを受けて前へのパスを狙い、イニエスタは2列目を大きく動いて狭いエリアでの受け手として持ち味を出す。メッシはトップに入ろうが、右に入ろうが、さらに独特な動きをしているのだが、それはあとで詳しく触れることにしよう。

これはどの選手がえらいということではなく、チーム内に明確な役割分担があるということだ。シャビ、イニエスタ、メッシが作る三角形が、バルサを支える基本構造になっている。

【バルサが示す新常識】

ここまでバルサで何が起こっているかということを、欠かせない重要な要素に分けて見てきた。こういう視点をベースにすると、バルサがやっていることから既存の発想にはない〝新常識〟が浮かび上がってくる。

【バルサの新常識①】　数の論理は通用しない

守備側の選手からしたら、数的有利を作るというのは、戦術の基本中の基本になっているだろう。だが、バルサの選手たちは狭いエリアでボールを受けて、相手を引きつけることで、あっという間にこの足し算、引き算の論理を破壊することができる。守備側は囲い込んでいるようで、逆に引きつけられて守備の組織が崩されているのだ。

風間は2011年のチャンピオンズリーグ決勝でバルサと対戦したときのマンチェスター・Uを引き合いに出した。

「マンチェスター・Uほど能力の高い個人がそろっていて、組織があっても、1人ずつ外されちゃっているから数の論理が成立しない。フリーの選手ができて、そこをマークしようとすると、今度はまた別のところで逆を取られてしまう。こういうことを繰り返されると、最後には守備側が動けなくなってしまう」

取りに行ったらポンと出されて、足が止まったら、どんどん動かれてボールをまわされる。守る側はターゲットを絞るのが極めて難しい。マンチェスター・Uでさえも振り回されるわけだ。

【バルサの新常識②】 相手が速いほどプレスは簡単にいなせる

バルサは相手の足の速ささえも利用してしまう。ボールを取りにきたところをいなせれば、相手はすぐに止まれず、次のプレーに移るまで時間がかかる。急に止まれないのは、車も選手も同じ。相手の足が速いほど、かわしたときに効果が大きくなる。

「相手がボールを取りにきても、ぜんぶ逆を取ってしまう。だから相手の身体能力が高くても関係ない。足が速い選手ほど、かわされたときに遠くに離れてしまい、プレスに戻るのが遅くなる」

【バルサの新常識③】 フリーになるためにあえて足を止める

普通の選手からしたら、パスをもらうためには動かなければいけないと考えるだろう。基本的に間違ってはいないのだが、メッシの場合、あえてまったく逆のことをしてフリーになることができる。

動き出そうとして、急に立ち止まるのだ。まさに発想の転換である。

動かないことには、大きなメリットがある。下手に動くと、相手を引き連れてきてしまい、ただでさえ狭いスペースがもっと狭くなってしまう。あえて立ち止まっていた方が（もしくはゆっくりと歩くくらいの方が）、相手が勝手に動いてくれて、ボールが来たときに逆を取りやすい。

「メッシは止まり方が絶妙。シャビとイニエスタがよく動く分、メッシは止まることでフリーになっている。受ける技術というのは、その人の特長によって、やり方もそれをやる場所も変わってくるんです」

【バルサの新常識④】　スカウティングは無力化できる

2011年のチャンピオンズリーグ決勝のとき、リベンジを果たすために、おそらくマンチェスター・Uはとことんバルサをスカウティングし、万全の対策を練ってきたはずだ。だが、一度は追いついたものの、結局は計3点を取られての完敗だった。

「バルサをスカウティングしてもあまり意味がない」と風間は見ている。

「今までの考え方では、守備をする側があらかじめ準備しておけば、どんな攻撃にも対応できると見られていた。でもバルサは相手を見てサッカーをしていて、相手が準備したことを上回れるんです。だから、バルサをスカウティングしてもあまり意味がない」

では、そういうチームに勝つ手立てというのは、もはや存在しないのだろうか？　ひとつだけ明確な答えがある。風間は言う。

「バルサに勝つには、少しでも自分たちがボールを持つ時間を長くしなければいけない。バルサにボールを65％持たれて、自分たちが35％だったら、戦略なんて何も成り立たない。でも、55％対45％なら何かが起きるかもしれない。まあもっと簡単に言えば、バルサの選手たちよりもうまくなればいいということ」

バルサができるまでに長い時間がかかったように、打倒バルサも一夜漬けではできない。安易な秘策など求めず、日々、地道にうまくなることが結局は近道になるはずだ。

取材後記

風間さんに会うたびに驚かされることがある。それは「頭に描くサッカーが常に進化している」ということだ。

この取材で最も印象的だったのは、メッシの動きについてだった。それまで「人を外す」というと、まずは自分からアクションを起こして、それにつられて動いた相手の逆を取る……というイメージがあった。

だが、すでに風間さんは、さらに高次元の外し方に気がついていた。

メッシはわざと立ち止まってフリーになっている、と。

従来のサッカーの指導では、とにかく動くことがいいとされていた。足を止めず、動き回ることが、攻撃を活性化するという考えが主流だ。しかし、スペースが限られている場合、無闇やたらに動くと、パスの受け手が相手の背後に隠れてしまったり、ゴール前をさらに〝渋滞〟させてしまったり、あまりいい影響を及ぼさない。はっきり言って逆効果になる。

だからメッシは、あえて動かないのだ。

もちろんまったく動かないわけではなく、ボールが出てきそうな瞬間、半歩すっと横に体をずらすことで、パスコースに顔を出すことを実現している。大きく相手から距離を取って受けるわけではないので、これを実行するにはトラップの基本技術が相当に高くないといけないが、メッシならば難なくやりとげることができる。

とにかくサッカーというのは、動かない方がいいこともあるのだ。

常識と思っていたことが実は逆効果になり、非常識とされていたことが効果的になることもある。

会うたびに、新しいことに気がつかせてくれる。そんな指導者は、世界を見渡しても少ないだろう。

第3章
の
ココがポイント

Kazama's Selection

◎パスを受ける選手は、正しいタイミングで動かないと、相手がついてきてしまうのでパスコースを消してしまう。

◎メッシはあえて動かないことでフリーになっている。受ける技術というのは、その人の特長によってやり方が変わってくる。

◎バルサをスカウティングしても意味がない。彼らよりうまくなるしかない。

Chapter.4 Introduction

風間理論を知れば知るほど、気になることがある。これまでの常識とまったく異なる風間的視点で、日本代表を分析したらどんな課題が見えてくるのか？　と。

ヨーロッパでプレーする日本人選手が劇的に増え、日本代表が着実に力を伸ばしているのは間違いない。だが、ここからさらにレベルアップするには、より細かい技術や個人戦術にこだわる必要がある。それを見抜くのに、風間理論ほどふさわしいものはないだろう。

風間さんは言う。

「今よりも10回多くパスを受けられるようになったら、日本代表は必ず変わる」

日本代表が優勝した2011年のアジアカップを題材にして、日本サッカーの改善点を考える。

第4章

日本代表が身につけるべき武器

初出『サッカー批評issue50』(双葉社)掲載　2011年3月

日本人のフィジカルは決して弱くない

日本中の脚本家たちが、サッカーが持つ筋書きのないドラマ性に嫉妬したに違いない。2011年1月、カタールで開催されたアジアカップにおいて、日本は何度も窮地に追い込まれながら、ぎりぎりで踏みとどまり、4度目の優勝を果たした。交代で出てくる選手が日替わりでヒーローになり、ザッケローニ監督の評価は急上昇した。

しかし、エンターテイメントという視点を忘れ、サッカーの質だけに注目すると、まだまだ課題が多い大会でもあった。中盤の簡単なミスパスからピンチを招くシーンが目立ち、準々決勝のカタール戦では2度もリードを奪われ、準決勝の韓国戦では延長終了間際に同点に追いつかれてしまった。優勝は紙一重の結果だったとも言える。

本気で2014年のブラジル・ワールドカップでベスト8以上を狙うなら、良かった点、悪かった点をきちんと整理し、冷静な分析と総括を行うことが必要だろう。

元日本代表の風間八宏は、まず良かった点として、ザッケローニ監督の選手起用をあげた。

「ザッケローニ監督は、アジアカップにおいて適材適所に選手を置いていましたよね。普段やってないポジションで出た選手はほとんどおらず、得意な場所で出ているので無駄がなかった。筋肉でたとえるなら、これまでは『止まる筋肉』を使いながら必死に走ろうとしていたようなもので、苦しいに決まっている。今回は『押し出す筋肉』をスムーズに使うような感じで、みんなが自然にプレーできていた」

岡田武史前監督は2010年南アフリカ・ワールドカップにおいて極端に守備的な戦術を採用し、失点しないことを優先した。そのため闘莉王と中澤佑二の高さは目立ったが、遠藤保仁、長谷部誠、大久保嘉人、松井大輔ら攻撃陣は相手を追いかけまわす役割を負わされた。本田圭佑にしても、2ゴールによって活躍した印象が残っているが、攻撃面の持ち味を出し切れたとは言えない。ほとんどの選手が苦しいポジションでやったため、選手の『質』より、『頑張り』が目立つ大会になった。

一方、ザッケローニ監督は慣れたポジションに配置し、選手たちはのびのびと特徴を出すことができた。

こういう起用をしたことで、新たな発見があったと風間は感じている。

「一般的に日本人選手は、韓国やオーストラリアよりフィジカルが弱いと言われてきましたが、それが先入観だということがわかった。選手にストレスを与えないで、自分の特徴を出せる場所でやらせたときに、本田圭佑は相手より強かったですよね？　長友は誰よりも走れたし、吉田麻也はヘディングが強かった。それぞれの特徴において、全部フィジカルで上回っていた。日本の選手がスピードで振り切られる場面も、韓国の選手にぶつかって飛ばされる場面もほとんどなかった。自分の特徴を出せば、日本のフィジカルは強いんですよ」

これまで日本のフィジカルが弱いという印象があったのは、戦術面が負担になっていたからだ。

「ヨーロッパや南米の相手に対して、こちらが受けてサッカーをしたら、相手の得意な力が出て、それがフィジカルの差として現れる。でも、自分たちが主導でサッカーをやろうとしたら、十分フィジカルで上回れることが今回わかった。もちろん強豪国相手に、受けずにサッカーをやるのは簡単ではないですが」

日本人のフィジカルが決して弱くないことは、長友を見れば明らかだろう。セリエAの中でトップクラスの運動量とスピードがあるからこそ、インテルは長友を獲得した。

南アフリカ・ワールドカップ直前の韓国戦では、韓国の方が圧倒的にフィジカルが強いように感じさせられたが、それは戦術に問題があったからで、アジアカップでは互角以上に日本が優っていた。『受け』にまわらず、特徴を出せる状況を作れば、日本のフィジカルは十分通用する。

また、選手の自主性が見え始めたことを、風間は高く評価した。

「ザッケローニ監督の下では、自分たちの判断でサッカーをやるようになってきて、自由なプレーが出てきた。本田圭佑と香川真司をどう組み合わせるかというときに、香川は本田の邪魔をしないように考えながらプレーしていた。本田の方もそれを意識していた。まだ迷っている部分はそれぞれたくさん見られたけれど、相手を邪魔せずに、その中で自分が生きようとしていた」

とはいえ、選手が特徴を発揮し、自由な発想でプレーするのはチーム作りの基本ステップだ。たくさんの改善点があり、細部の質を上げていくことが今後の課題になるだろう。

風間がアジアカップを分析した結果、5つの改善点が浮き彫りになった。

❶ 前田遼一に必要なＤＦを揺さぶる動き

今回のアジアカップにおいて、４‐２‐３‐１のシステムの１トップを主に任されたのは前田遼一だった。前田はサウジアラビア戦で２点、韓国戦で１点を取ったが、前線で攻撃を詰まらせてしまうシーンが目立ってしまった。

風間は期待しているからこそ、「人を外す動き」のレベルアップを要求した。

「前田はジュビロのときのように、前にスペースがあると自分のプレーをできる。けれど、ＤＦに自分の前のスペースを消されると、ほぼ何もできなかった。その原因は、ボールをもらう動きの質にある。チームメイトがボールを持っているときに、もっとパスコースに顔を出したり、マークを外す動きをしなければいけない」

アジアカップにおいて、前田の３得点はすべてサイドからのクロスによるものだった。クロスに対してはファーサイドに逃げたり、ニアサイドに飛び込んだり、いろいろな引き出しを持っているが、中央でパスを受けることに関しては工夫が足りない。よく見られたのが左サイドに逃げてボールを受けようとするシーンで、逆に香川や長友のスペースを消してしまっていた。シリア戦では皮肉なことに、川島永嗣が退場になって、代わりのＧＫを入れるために前田がピッチから退くと、途端に前線でパスがまわり始めた。

「前田はゴール前の人を外す動きが少ないため、ほとんどゴール前中央でボールを受けられなかった。前田が相手を攻略しないのでＤＦが待っている状態になり、だから中央に場所が空かなかった」

もはや本書において、『人を外す動き』という用語はおなじみの〝風間語録〟、再び補足しておこう。『人を外す動き』とは、瞬間的にマークを外して、狭いエリアの中でフリーになる動きのことだ。いくつかのパターンがある。

・ボールを受ける直前に、相手の重心をどちらかに動かすようにフェイントをかけ、その逆をついてフリーになる。

・ボールを受ける直前に、相手の視野から外れてフリーになる。

・相手の視野から外れておいて、急に目の前に出てパスを受ける。

この動きを得意にしているのが、スペイン代表のシャビとイニエスタだ。パスを受ける直前に何かしらのアクションを起こし、密集地帯でもフリーになってパスを受けられる。

一方、同じスペイン代表でも、フェルナンド・トーレスは苦手だ。どうしても体の強さに頼って、棒立ちになることが多い。南アフリカ・ワールドカップのとき、スペイン代表はトーレスを先発から外してビジャやイニエスタが流動的に1トップに入る形にした途端、すべてがうまくいき始めた。

トーレスにもできないことを、前田に要求するのは酷なように思える。だが、風間はこう断言する。

「日本人選手というのは、ヨーロッパや南米の選手に比べて、言われたことを認識して、修正するのがとてもうまい。前田も問題点に気がつけば、劇的に変わる可能性があると思います」

風間が見た中では、まだビジャのレベルで動けるＦＷは日本にいない。人を外す能力が高いＦＷが出てくれば、さらに日本代表の得点力はアップするはずだ。

❷ 香川真司はもっと前を向ける

所属クラブと代表での活躍度に、最もギャップがあったのは香川だろう。ドルトムントではトップ下のレギュラーに定着して、ブンデスリーガ1年目から大ブレイク。リーグ公式HPの前期MVPに選ばれた。だが、日本代表では左MFで起用されたことでリズムが狂ったのか、ドルトムントのように切れのあるプレーを見せられなかった。カタール戦では2得点を決めて日本を救ったが、韓国戦では右足の小指付け根を骨折するという最悪の結果になってしまった。

おそらくザッケローニ監督は、今後も香川を左MFで起用するだろう。いったいどうすれば香川は、日本代表でも持ち味を発揮できるようになるだろうか？

風間は「前を向く意識」を課題にあげた。

「香川は前にスペースがあるときでも、パスを横を向いて受けたり、後ろを向いて受けることが多かった。実はドルトムントでも、こういう傾向が見られる。ドルトムントでは後ろにサヒンというスペシャルなパッサーがいたので、バックパスをしても問題にならなかったが、もっと前を向く意識がほしい」

サッカー観戦のポイントのひとつに、「どれくらいの距離に相手がいると、選手はプレッシャーを感じるか」というものがある。相手が3メートル前にいると、反転して前を向けるのか。1メートル前でも向けるのか。その距離が、プレッシャーを感じる距離を測る指標になる。

香川の場合、アジアカップでは、相手が数メートル離れていても、前を向かないシーンが何度もあった。

たとえば、韓国戦の17分のシーン。

右サイドバックの内田篤人が自陣からゆっくりとドリブルで上がり、左サイドにいる香川にグラウンダーのパスを通した。このとき香川の前には大きなスペースが空いていた。にもかかわらず、香川は前を向かず、後ろの遠藤にワンタッチでバックパスをしたのである。もし反転して、一気にドリブルで前にボールを運んでいたら、ビッグチャンスになっていたはずだ。

また、香川にも「人を外す動き」に課題がある。

風間は言う。

「ドルトムントで香川が自由にやれているのは、まわりの選手たちがスペースを作ってくれるからだ。これからステップアップするには、ボールを持ってないときに、もっと自分からアクションを起こして、相手を動かすことを覚えなければいけない。今回サイドで苦しんだのは、人を外す動きができていなかったから。イニエスタは人を外せるので、トップ下だろうが、サイドだろうが、どこでも相手に捕まらずにプレーできる。香川は日本代表の中ではレシーブ能力が高い方だが、まだ相手を動かして、場所を作れるほどにはなっていない」

ドルトムントでは前に相手を引きつけるFW、後ろにパス能力の高いMFがいたため、こういう改善点が表に出づらかったが、本気でバルセロナレベルのクラブを目指すのなら、今回浮き彫りになったことから目を背けず、今後チャレンジしていくべきだろう。

❸ 遠藤保仁を生かすための周囲の顔出し

大会後、本田圭佑が「本当のMVPはヤットさん」と言ったように、遠藤の貢献度は計り知れないものがあった。

DF吉田もこんなふうに遠藤の頼もしさを語った。

「ヤットさんにボールを渡しても取られないので、最高にやりやすかった。ヤットさんにフェンロに移籍してくれとお願いしたくらいです（笑）」

風間も遠藤のパス能力を称賛する。

「日本の中で、あれだけパスに強弱をつけられる選手は見当たらないし、サイドキックであれだけ長いキックができる選手もいない。30～40メートルの距離をインステップで蹴ろうとすると、モーションが大きいので相手に読まれてしまうけれど、インサイドだとモーションが小さいからわからない」

この能力を生かすには、まわりの動きの質が大事になってくると風間は言う。

「まわりが人を外してフリーになれば、遠藤は今より早いタイミングでパスを出せる。遠藤がボールを持ったときに、もっとまわりがパスコースに顔を出すことが大事です」

パスの出し手と受け手というのは、どちらかがレベルアップすれば、必ずもう一方に高いレベルのプレーが要求される。優れたレシーバーが出てくれれば、もっと遠藤に要求されることも高くなる。

実はこういうことに、日本代表で活躍したトップレベルの選手でさえ、気がついていない可能性がある。

２０１１年1月、宮崎で口蹄疫復興に向けたサッカーイベント『TAKE ACTION』が行われたときのことだ。

風間は中田英寿チームの監督として招かれ、試合前日に1度だけ練習を行った。そのとき「受け手」と「出し手」のタイミングを伝えるために、中田英寿を出し手役、藤田俊哉を受け手役にして、風間監督がデモンストレーションをやらせた。指示はとてもシンプルで、「動いている受け手の足元に、パスをピンポイントで出せ」ということだった。

合図とともに、中田がパスを出し、藤田が受ける。だが、すぐに風間監督はプレーを止めさせた。

「俊哉、動き出すのが早すぎる。ヒデが蹴られる状態になる前に動いても意味がないだろ？　ヒデがきっちりボールをセットしてから動け」

2度目のトライ。だが、また風間監督はプレーを止めた。藤田はさすがに「これでも、まだ早いですか？」と疑問をぶつけた。

風間監督はこう答えた。

「まだ早い。俊哉のタイミングを遅くするか、ヒデのトラップを直すかのどちらかだ」

すると今度は、中田が「え？」と声をあげた。まさか自分のトラップが悪いと言われるなんて思わなかったのだろう。

風間監督の指示が、今度は中田に向けられた。

「ヒデ、止めてから蹴るまで時間がかかりすぎだ。俊哉はヒデがトラップした瞬間から動き出しているのに、ヒデが蹴るまでにロスがある。もっと前のタイミングで蹴らないと、俊哉がタイミングを遅らせなきゃいけなくなる」

さすがは日本サッカー界を引っ張ってきたMFだ。中田は指摘されるとすぐにトラップを修正して、蹴るタイミングを早め、藤田の動き出す足元にピタリとパスを合わせるようになった。

練習後、中田は風間監督にこう話しかけてきたという。

「体の認識はなんとなくあったけど、あんなことを言われたのは初めて。パスを出すまでに、すごく無駄な時間があったんだなと思いました。すごくおもしろかったです」

意識によって、間違いなくプレーは変わる。パッサーである遠藤と、レシーバーである香川や前田との間に、こういう切磋琢磨が必要だ。

❹ コンパクトさを攻撃に生かす意識

これまでのすべての試合において、ザッケローニ監督は再三ベンチから飛び出し、DFからFWまでの距離を短くするように指示してきた。そのおかげで日本の陣形は、前任者のときに比べてはるかにコンパクトになってきた。

だが、コンパクトであることの利点を、日本は生かし切っていただろうか？　攻撃の面で生かしていなかったと風間は指摘する。

「コンパクトにするのは、自分たちがパスをつなぐためのフィールドを確保するためでもある。前線までの距離が短ければ、センターバックがボールを持ったときに、FWにもパスを出せる。けれど、今回センターバックを組んだ今野泰幸と吉田は、FWを見ずに、近くにいる相手ばかり見ていた。だから、パスコースが目の前か、横しかなくなってしまう。せっかく距離を縮めているのに、最終ラインから1本のパスでシュートに行くというシーンがまずなかった。ザッケローニ監督がDFラインに何を求めるかにもよるが、もっとDFからFWへのパスがほしい」

今野と吉田はもともとボランチで、フィードには定評がある。今後はコンパクトさを攻撃面で生かすために、ロングパスにもチャレンジしたいところだ。

❺ 本田圭佑は動きながら受ける回数を増やせる

今大会、日本の攻撃はなぜうまくいったか?

2つの要因があったと、風間は考えている。ひとつ目は、岡崎慎司の飛び出しだ。

「アジアカップでは、岡崎がガチャガチャ動き、それで相手の組織が乱れてスペースができた。強い相手にはそう簡単にはいかないが、アジアのチーム相手には大きな効果があった」

そしてもうひとつは、本田圭佑のキープ力だ。

「本田は狭いところでボールを受けてもボールを取られず、攻撃の時間を作ってチームを助けた。これができるのは、今の日本代表には本田しかいない」

ザッケローニ監督は本田圭佑に対して「おまえが攻撃の中心だ」と伝えており、今後、本田圭佑の責任はさらに増していくことになるだろう。監督の期待に応えるためにも、もっとゴールに絡みたいところだ。

その鍵になるのは、動きながらボールをもらう回数だ。

風間は言う。

「日本の決定機のほとんどは、本田が立ち止まってボールを受けたときではなく、動き出してボールを受けたときから生まれた。その回数をもっと増やせるはず。まずは今よりもたくさんボールを触る意識を持ってほしい」

ここまで5つの改善点をあげてきたが、そのほぼすべてに共通することがある。日本代表には、パスの「レシーブ」能力に課題があるということだ。

遠藤や本田圭佑のような優れた「パッサー」はいるが、その能力を生かし切る「レシーバー」がいない。すでに書いたように、人を外すことができるレシーバーが出てくれれば、遠藤や本田圭佑にはもっと早いタイミングで正確なパスを出すことが求められ、相乗効果でチーム力のアップが期待できる。

風間は明確な目標を示した。

「全員が自分の得意なところで、前を向いて、今よりも10回多くパスを受けられるようになったら、日本代表は必ず変わる。それを実現するには、全員が同じような意識を持たなければいけない。繰り返しになるが、受ける質が上がれば、パスの質が上がる。動きを見る質も上がる。つまり、どう受けるかを追求すると、もっとこのチームは強くなるということ。もちろんこれができているのは、世界の中でバルセロナ、スペイン、ドイツといった限られたチームだけれど、世界は確実にそこに向かっている」

また、風間はサッカーの精度を「面」から「点」に上げることも要求した。

「今の日本代表選手の力を考えれば、『面』ではなく、『点』で合わせるサッカーをできる。1メートルあればサッカーができるのか、3メートルないとできないのか。あるいは50センチでできてしまうのか。そこを突き詰めることが、これからは求められる」

ザッケローニ監督によってチームのベースはできたが、あくまでファーストステップが終わったにすぎない。どこまで細部の質を高められるのか。監督の手腕だけでなく、選手の個人能力のアップが求められる。

取材後記

手前味噌になるが、今となると、この記事はすごく希少価値があると思っている。なぜなら、現在、風間さんは川崎フロンターレの監督を務めており、日本代表の評論をするのは難しい立場になったからだ。たとえばフロンターレから誰か日本代表に選ばれた場合、同じポジションの選手に対していくら公正に分析したとしても、フロンターレの所属選手に有利になるように語っているのではないかと勘ぐられる可能性がある。もし選ばれていなくても、今度は代表候補になりうる所属選手のことを考慮しているのではないかと思われかねない。

ドルトムントを2連覇に導いたユルゲン・クロップ監督は、まだマインツを率いていた時代、2006年ワールドカップの解説者に抜擢されて絶大な人気を誇った。映像を使って戦術や問題点をわかりやすく説明し、「TVの中の代表監督」と呼ばれたほどだ。ヨーロッパのスタンダードから見れば、クラブの監督が代表を評論すること自体はそれほど問題ない。ただし、日本のサッカーメディアがまだ侃々諤々の議論に慣れていないことを考えると、やはりクラブの監督の代表についての発言は慎重にならざるをえない部分がある。

このインタビューは2011年2月に行われたものであるが、ここで指摘された課題はまだまだ克服されていないように思う。たとえば日本代表の1トップには前田、李忠成、ハーフナー・マイクと選択肢が増えてきたものの、3人とも相手の最終ラインを攻略するほどの域には達しておらず、依然として適任者は見つかっていない。

中央でボールを受けようとする動きも、まだまだ少ない。

今後、２０１４年ワールドカップに向けて日本代表が絶対的な武器を身につけるうえで、ここであげた風間さんの指摘は、大きなヒントになるはずだ。

第4章のココがポイント

Kazama's Selection

◎ＦＷが相手のセンターバックを攻略しないと、中央に場所を作れない。

◎日本人選手というのは、言われたことを認識して、修正するのがとてもうまい。だから、劇的に変わる可能性がある。

◎最終ラインから前方までの距離をコンパクトにするのは、ＤＦからＦＷに一発でパスを通せるようにするため。

Chapter.5 Introduction

元選手にとって、Jリーグを遠慮せずに評論するのは簡単なことではない。

サッカー界は思った以上に狭く、監督として働いているのはかつてのチームメイトや対戦相手で、日本のように議論する文化が乏しい国では自然と言葉にブレーキがかかってしまう。そういうことを承知で、2011年11月、筑波大学を率いていた風間監督にJリーグについてのインタビューをお願いすると、「すべてはJリーグの発展を願ってのこと」と前置きしたうえで引き受けてくれた。

現在は川崎フロンターレの監督を務めていることを考えると、波風を立てないという意味では、この原稿を本書に入れない方が良かったかもしれない。だが、風間監督は掲載を許可してくれた。きっとここに、Jリーグがさらに上のリーグになるためのヒントが隠されているはずだ。

第5章

Jリーグはもっと強くなれる

初出『サッカー批評issue53』(双葉社)掲載　2011年10月

Jリーグの「常識」は正しいか?

Jリーグは誕生から約20年が経ち、香川真司や長友佑都など、移籍後すぐにヨーロッパのトップリーグで活躍できるタレントを生み出せるほどになった。間違いなくレベルは上がり続けている。とはいえ、多くのチームに共通するJリーグ特有の課題も少なくない。さらに上のリーグを目指すために、どんなことを改善すべきなのか?　また、どんな部分を伸ばしていくべきなのか?　風間八宏に〝講義〟してもらった。

Q なぜJリーグの攻撃は単調なのか?

A クロスとミドルシュートを防がれると、攻め手がなくなることが多いから

風間　「Jリーグのすべてのクラブをひとくくりにして、『単調』と言い切ってしまうのはやや議論が大雑把

でしょう。中には自分たちの意志で攻撃をしようとしているチームもあります。ただし、この質問の意味もよくわかります。なぜなら、Jリーグの多くのチームが『クロスとミドルシュートを防がれると攻め手がなくなる』というサッカーをしているからです。

クロスとミドルシュートというのは、ゴールから離れた位置から仕掛ける攻撃です。それだけに成功する確率というのは、近くから仕掛ける攻撃に対して高くない。ゴールから30メートル離れた場所から打つより、2メートルの場所から打つ方がいいに決まってますよね。

クロスとミドルシュートは、ある程度強いDFがいたら、防ぐのはそんなに難しくありません。まだまだJリーグではケネディのような長身選手の物理的な高さで勝つことが許されていますが、ヨーロッパではもう違いますよね。今ではドイツでもパワープレーをほとんどやらなくなった。ほとんどの選手はヘディングが強いので、高さだけでは崩せないからです。

じゃあ、なぜJリーグの多くのチームは、クロスとミドルシュートが多くなってしまうのか？　それは『サイドは空いているスペース』という認識があり、『中央は狭い』という認識になっているのではないでしょうか。したがって、中盤でボールを受けたとき、ほとんどの選手がスッと横を向いてしまうのです。

これは『技術がない』と言っているわけではありません。Jリーグには技術がある選手がたくさんいる。でも、『サイドから攻めるべき』という先入観が刷り込まれているのか、相手の状況に関係なく、まず横を見ようとする傾向がある。これでは攻撃が単調になって当たり前です。

これは育成年代の問題でもあります。ユース年代の選手を見ても、すぐに横や後ろといった『空いている場所』にパスを出そうとする。きっと横や後ろなら選手がフリーになっているという思い込みがあるんでしょう。でも、そこにパスを出しても何も起こらないことがほとんど。もちろんその先の意図があればいいんですが、見ようとする場所が違うんです。ゴールはどこにあるでしょう。もちろん中央にあります。そこに最短でいく手段を考えることが攻撃の基本ではないでしょうか。

一見、うまく見えるんだけども、結局それはうまいのではなく、決められたことをやるのがうまいということ。Jリーグにも、そういう例がすごく多いと感じます。だから、個人の持っている長所で戦うのではなく、チームでやろうとすることを素直にやるだけのサッカーになってしまう。チームの考え方は大切だけれども試合中の判断基準は各々が持つべきだと思います。

パスというのは、遠くから近くに変更することはできる。でも、近くから遠くに変更することはできない。ボールをもらう前から、顔を上げて50メートル先を見ておかなければ、そこにパスを出すことはできないですが、逆に見ておけば、50メートルのパスも10メートルのパスも出せる。

要するに、選択の仕方です。Jリーグの技術のある選手は50メートルの距離も蹴れるのに、10メートルの中からしか選択をしない印象がある。50メートルを蹴れるのなら、その距離の中で選択しなかったらもったいない。みんなゴールが大事だと口では言っているのに、そこを見ていない。すぐに外を向く。外というのはゴールからものすごく遠いところです。

選手たちが『見ている場所』と『見ている距離』を変えるだけで、Jリーグは劇的に変わると思います」

Q なぜJリーグはパススピードが遅いのか？
A パスの狙いどころが、点ではなく、面になっているため

風間「現在のJリーグはヨーロッパのトップクラブに比べると、それほどパススピードが速くないのは確かでしょう。これも選手たちが『見ている場所』に関係しています。

Jリーグの試合を見ていると、スペースにパスを出すケースがものすごく多い。スペースへのパスは、相手がいないのだからつながりやすく、何にも問題がないように思えます。もちろんサッカーの攻撃には、スペースへのパスも効果を生みます。

でも、考えてみてください。ボールが速すぎたら、選手は追いつけませんよね？　だからスペースにパスを出す場合、必然的に『パスのスピード』は『選手の走るスピード』よりも遅くしなければいけません。

じゃあ、パススピードを上げるには、どこを狙ってパスを出せばいいのか。答えは、選手の足元。どこに動いても足元にズバッとパスがくれば、転がるボールを追いかける必要がないので、理論的にはいくらでもパスを速くできる。当然、ボールを止められるかというトラップの技術が問題になるので、技量によりますが。

足元へのパスというと、止まって受けると思う人が多いかもしれません。ここでは、そういう先入観を捨ててください。動いている選手、もしくは立ち止まっている選手が、意図を持って足元から足元にパスをつなぐと、いくらでもパスを速くできるので、ものすごくサッカーが速くなります。

正直に言えば、Jリーグの試合前にウォーミングアップを見ると、パススピードが遅く、ボールの質が悪

いという印象を受けます。でも、試合になると、それなりにできる選手がすごく多い。つまり、パスでどこを狙うかをもっと意識させれば、今よりはるかにパスが速くなると思う。

そして、パスが速くなれば、判断も変わってくるんです。言い換えれば、『目』が変わるということ。目が変われば、間違いなくプレーも変わる。

すぐに外を見て、サイドチェンジをして、クロスをあげるというように、ひとつの方法だけにとらわれると技術とアイデアを増やしていくことはできません。また、ゴールを奪うという目的が薄れてしまうような気がします。いろんなところから相手を崩すといった選択肢を自分たちの中で持てるようにすれば、もっとおもしろいサッカーになる。技術はあるわけですから、それをピッチで表現できるようにならなきゃ本当にもったいないですよ」

Q 2011年シーズンを制した柏レイソルをどう見たか？
A 昔のサンフレッチェ広島に似ている

風間「柏レイソルはネルシーニョ監督によって、緻密に作られたチームという印象があります。監督が『こういう場面では、こう動こう。そうすると、こうなるよ』っていう優先順位がはっきりと示されていて、その結果、チームとして共有された攻守の手順がある。

たとえば相手のＤＦラインとＭＦの間にスペースが空いていたとしましょう。ＦＷがちょっと引いてそこでボールを受けたら、次に他の場所に空いているスペースが移るから、チームとしてそこを使いましょう、とか。サッカーには、そういうチームの作り方もある。チームとして1が見えるようになると、それが合図になって、2も3も見えてくるようになります。

私がプレーしていたときのサンフレッチェ広島もそうでした。スチュワート・バクスター監督は、チームとしての優先順位を細かく示すタイプの監督でした。まあ、私からするとそれでは何も解決にならず、『なんでこうしないんですか⁉』なんて監督に直接言っていたんですが、監督は『それは若手にはまだ無理だから、彼らに勇気を与えるためにもヤヒロが我慢してくれ』って。仕方なく、監督の指示に色をつけてやってましたけどね（笑）。

私の大親友でもあるんですが、当時広島でチームメイトだった松田浩さんが、現在栃木ＳＣを率いています。バクスターのやり方にすごく似ていますよ。ボールを入れる場所をセンターフォワードのところに作って、そこに対するサポートをどれだけ早くするかっていう。こういうサッカーの場合、ＦＷへのパスコースを消されると、攻撃が行き詰まるので、そうなったときにどう対応するかが大きな課題になると思います」

Q Jリーグ誕生時から変わったと思うことは?
A 現実の把握、適切な分析が行われると同時に夢が小さくなった

風間「Jリーグがスタートしたとき、みんなが『日本国内だけでなく、世界で通用するチームになってやろ

う』という野心みたいなものを持っていたと思うんです。もちろんそれには時間がかかるのはわかっていたけれど、そういう夢があった。

それが今では、現実が最優先されているような印象がある。ロマンに対する投資が少なくなっている。極端に言えば、Jリーグでも世界一のクラブを目指してほしい。

私が最近感じることは、考え方ひとつでもっと素晴らしいサッカーが日本の選手たちにはできるということ。スターティングメンバーだけではなく、その下の選手たちも新しい目で見ると、それ以上に素晴らしい選手たちもいるように思います。この選手たちとともに、世界でも例のないサッカーを作っていくことができるように思います。選手の質もJリーグは決して劣っているわけではない。その力をどう発揮させるのかに少し迷っているだけだと思う。とにかく夢を持って進んでほしいですね」

取材後記

川崎フロンターレの練習場に行くと、まさにここで風間さんが課題にあげていることが、ピッチに響き渡っている。

「簡単に横を向くな！」

「パスをもっと強くできるぞ！」

選手は技術的なミスをしているわけではない。ボールは取られていないのだ。だが、風間さんからすると、〝判断〟のミスが起こっているということなのである。無難なプレーを選択したことで、攻撃のスピードを遅らせてしまった……という点に関して。

最初は選手たちも戸惑っていたが、今では誰かが簡単にボールを横にトラップしようものなら、チームメイトたちから「前を向けたぞ！」と声が飛ぶようになった。

パスに関しても、平気で至近距離から容赦ない強烈なボールが蹴られる。たとえ受け手が止められなかったとしても、責任はトラップの技術が足りなかった方にある、というのがフロンターレの新たな常識だ。そこにある価値基準は、サッカーがうまいか、うまくないかだけなのである。

そして何より風間さんは、「夢を持つ」という点に関して、ものすごく大胆なことを選手たちに呼びかけている。

「ただ勝つのではなく、相手を叩きのめして勝とう」

対戦相手が聞いたら激怒しそうな話だが、こういうふてぶてしさこそ、今のＪリーグに欠けている要素ではないだろうか。

風間監督は選手たちによくこう言う。

「もっと自分に期待しろ」

見る側のメディアやサポーターも、Ｊリーグの身の丈なんて意識せず、もっともっと大きな夢を持ってもいいのかもしれない。

第**5**章
の
ココがポイント

Kazama's Selection

◎パスというのは、狙いを遠くから近くに変更することはできる。でも、近くから遠くに変更することはできない。

◎選手たちが「見ている場所」と「見ている距離」を変えるだけで、サッカーは劇的に変わる。

◎サイドチェンジをしてクロスをあげるというように、ひとつの方法だけにとらわれると、技術とアイデアを増やしていくことはできない。

風間流サッカー観戦術②

ボールが動いている間に、ゴール前を見ておく

風間さんがサッカーの試合を解説していると、まるで予言者のように「チャンスですよ」とつぶやくことがある。優れた解説者と、そうでない解説者の差は、やはり「いかに次に起こることを予測できるか」にある。

なぜ、風間さんはチャンスを予測できるのか？　ポイントは「ゴール前のチェック」にあった。

「これはサッカーをプレーしているときも同じなんだけど、ボールが芝の上を転がっているときというのは、何も起こらないよな？　もっとわかりやすく言うと、選手がボールを持っているときはいろんな選択肢があるけど、ボールが転がっているときは、ボールは行き先に向かうだけ。いきなり90度に曲がったりはしない。だから、ボールが転がっている間に、他の場所でマークがどうなっているかを見ておくんだよ。特にゴール前。ゴール前でフリーになってるような選手がいたら、得点のチャンスになる可能性が高い」

選手がパスを出して、他の選手が受けるまでの時間は本当に短く、その間に他の場所をチェックするのは簡単ではない。だが、これはプロでも難しい作業なのだ。まずは気軽に「プロ中のプロはこうやって見ているんだ」と感じることから始めればいいだろう。

革命へのステップⅢ

すべての子供に天才性を見出す

第6章　天才の作り方

第7章　異端者カザマヤヒロの分岐点

第8章　日本サッカーを変える育成法

Chapter.6 Introduction

まさにこういう人を“天才”と言うのではないか——。

風間さんに話を聞き、あまりにも人とは違う発想に出会うたびにそう感じる。そこで訊いてみたいと思ったのが、「天才は天才を作れるか?」ということだ。

風間さん本人は自分を天才ではないと言う。「天才ならば、その分野で世界一になっていたはず」というのがその根拠だ。確かに18歳のときに、ワールドユースでディエゴ・マラドーナと出会った人間からしたら、上には上がいることをわかっているのだろう。だが、指導者としてなら? 可能性はいくらでも広がっている。

日本サッカーを本気で強くするという意味でも、やはり育成の問題は避けて通れない。

天才だけがわかる「天才の作り方」とは?

第6章

天才の作り方

初出『ジャイアントキリング・エクストラvol.8』（講談社）掲載　2012年1月

自分が持っている〝発想〟を常に大事にしてきた

天才は作れるものではない――。それがサッカー界の常識だろう。いくら育成に力を入れても、結局は才能を持った子供がいるか、いないかの問題だ、と。

だが、日本の場合、少し事情が異なる。

「出る杭は打たれる」ということわざがあるように、日本は人と違うことがあまり歓迎されない社会だ。本当は天才の素質を持っていたのに、大人になっていく過程で、それを失ってしまう子供がたくさんいる可能性が高い。あらためて日本独自の「天才の作り方」を突き詰めて考えるべきではないだろうか。

風間八宏は、18歳で日本代表に選ばれ、〝天才〟と呼ばれた元ゲームメイカーだ。指導者としても異彩を放ち、筑波大学では超攻撃的なサッカーをピッチで表現し、２００８年の就任から毎年Ｊリーガーを輩出し続けた。

新しい道を歩み続ける風間に、「天才の作り方」を語ってもらった。

「まず断っておきたいのですが、私は選手としてとても天才ではなかったし、指導者として天才の作り方もわかりません。大学の現場でも、日々、挑戦と発見の毎日です。

ただし、ひとつだけ自信を持って言えるのは、自分が持っている〝発想〟を常に大事にしてきたということ。現役時代、ときにはドイツ人の監督と大喧嘩になりましたが、まわりから何を言われようと〝発想〟だけは変えないようにしてきました。そういう経験を踏まえて、日本の社会において、どうやって個の才能を伸ばしていくかということについて、【指導者の視点】と【選手の視点】から話したいと思います」

［指導者の視点①］天才とは、人とは違うものが見える選手

風間「まず天才とは、どんな選手でしょうか？　見る人によって基準が違うので厳密な定義はできないでしょうが、私は『人とは違うものが見えている選手』だと思います。

たとえば、79年、ワールドユースが日本で開催され、マラドーナがU‐20アルゼンチン代表としてやって来たときのことです。私はU‐20日本代表のメンバーで、残念ながら日本とアルゼンチンは対戦しませんでしたが、スタンドから観る機会がありました。そのとき最も衝撃を受けたのが、マラドーナのシュートの場面。スピードに乗ったドリブルでゴール前に駆け上がり、彼は思いっきり左足を振り抜きました。しかし、ボールが前ではなく、後ろ（！）方向に飛んで行ったのです。一瞬何が起きたのかわかりませんでした。すると後ろから他の選手が走り込んで来て、シュートを打ったのです。あとで映像を見てわかったのですが、マラ

ドーナはわざと右足のかかとにシュートをぶつけて、後ろ方向へのパスにしていました。真の天才というのは、人とはまったく違うものを見ているんです。子供を指導するときは、技術だけにとらわれず、『この選手は何をしようとしたのか』という発想をきちんと見ることが重要だと思います」

［指導者の視点②］教えすぎてはいけない

風間「最近、日本サッカー界でも『ヨーロッパのやり方をコピーしてもうまくいかない』ことに気がつく人は増えてきたでしょう。ヨーロッパの子供たちは自由にやるのが当たり前で、逆に規制を課されるのを苦手にしています。だから練習で、規制の中での自由を覚えさせるんです。では、それを日本がコピーしたらどうなるか？　規制にがんじがらめのチームになってしまうでしょう。もともと日本人には規律があるからです。にもかかわらず、日本サッカー界は、子供たちに教えすぎる傾向があるように思います。いちいち細かく教えてしまうと、結局天才じゃなく、教えた人の能力の中のサッカーになってしまいますよね。『これをしなさい』『これをしちゃいけない』と言うのは近道だけど、子供が自分で道を作るチャンスを奪ってしまう。指導者が自分の中で結論を求めちゃうと、天才は生まれづらいでしょう。子供の発想を、大人が消すことは簡単。情報を入れすぎて、頭のキャパシティーを縮めてはいけません」

［指導者の視点③］長所だけにアプローチすると、発想がひとつになってしまう

風間「育成のやり方として、『長所を伸ばす』という考え方があります。もちろん私もそれに賛成なのですが、そのやり方には注意しなければいけません。たとえば、ドリブルがうまい子がいたとき、監督が『どんどん試合でドリブルしろ』と言ったとしましょう。こういう指示をすると、ドリブル以外の発想を持たない選手になってしまう可能性がある。指導者というのは『ドリブルがうまいんだったら、どうしたらそのドリブルが一番いい状態で発揮できるようになるか』ということを考えるべき。他の選択肢を持てれば、もっとドリブルが生きるようになるからです」

［指導者の視点④］子供をうまい大人と練習させる

風間「子供にとって、最も効果的な練習は何か？　そのひとつが、うまい大人とサッカーで遊ぶことだと私は考えています。子供はものすごく柔軟な頭を持っていて、大人がいろんな種類のキックを使い分けてパスを出してあげたら、すぐに自分のものにします（もちろん個人差はありますが）。学ぶというより、遊びの中で覚えていくんですね。そうやって発想も、どんどん豊かなものになっていきます。ブラジルやアルゼンチンから次々に天才と言われる選手が出てくるのは、間近で天才を見て、いっしょにプレーする機会がある

ことが大きく関係していると思います」

［指導者の視点⑤］全員を天才だと思って接する

風間「世界のトップになると、技術と発想力だけでなく、スーパーな身体能力も兼ね備えています。たとえば82年の欧州選手権を観に行ったとき、フランス代表のプラティニは、足が速くてヘディングが強く、まさに超人のような選手でした。シャビにしてもものすごく動けるし、イニエスタはずば抜けたスピードがある。すべてがそろっていなければ、スーパースターにはなれないと思います。

ただし、〝人との比較〟の中での天才性ではなく、〝自分〟の中における天才性ならば、確実に変えられると私は考えています。たとえ今、自分が凡人だと感じていたとしても、必ず自分の中で天才になれるということです。

実際、大学の指導で、それを目の当たりにしています。大学に入ったばかりの頃は『指示の意味がわからない』と言っていた選手が、卒業するときには『いろんなものが見えるようになった』と言うようになる。発想力がものすごく伸びたということ。本当に天才と言われる選手は、子供のときのプレーを、大人になってもそのままやっていますよね。監督として私がやっていることは、選手たちが子供の頃に持っていた発想力を、もう1度、思い出させる作業なのかな……と感じています」

［選手の視点①］言われたことに従わずにそれ以上の答えを出す

風間「ここまで指導者の視点で話してきましたが、ここからは選手の視点で話したいと思います。繰り返しになりますが、自分は決して天才ではありませんので、あくまで1人の日本人選手の経験談として見てもらえれば幸いです。

中2のとき、ブラジルのサントアンドレというクラブが清水に来て、清水選抜の選手たちが練習を見てもらうということがありました。その練習の中に『教わったフェイントでDFを抜いてシュートする』というメニューがあったんですが、私は自分の番が来たとき、すべて違う種類のフェイントでかわしてシュートしました。同じフェイントだと、おもしろくないので。そうしたら練習後、サントアンドレの監督が来て、『うちのクラブに来い』と勧誘してきたんです。結局、当時は高校サッカーに憧れていたので、断ってしまいましたが。必要とされるのは、言われたことをやるのがうまい選手ではなく、サッカーがうまい選手――。それはブラジルでも日本でも、同じだと思います」

［選手の視点②］試合でも遊び心を忘れない

風間「子供のときは本当にサッカーのことばかり考えていて、一番の関心は『なんで足を手のように使えないんだろう』ということでした。だから、足で箸を持ってみたり、鉛筆で字を書いてみたり。ほぼ毎日、神社の前で、裸足でサッカーをしていました。自分だけしかできないようなフェイントを身につけられたのも、そうやって足を手にしようとしたからだと思います。ただ、18歳から日本代表に選ばれるようになり、監督から言われたのは『そんなフェイントは試合中に使えないだろ』ということ。ヒールキックで相手を抜くフェイントだったんですが、あくまで遊びの技だと。まあ、当時は相当に生意気だったので、こう言い返してやりました。『見といてください。次の国際試合でやりますから』。次の試合、GKと1対1になったとき、このフェイントで抜き去り、ゴールをアシストしました。で、監督のところに行って言ったんです。『見ててくれてましたよね』。当時の監督はこういう遊び心を理解してくれたし、選手たちも持っていたような気がします」

［選手の視点③］相手との心理戦を楽しむ

風間「こんなことを言うと、相当に意地悪に思われるかもしれないですが、子供時代、ドリブルをするときは常にこんなことを考えていました。『ドリブルで抜いたときに、相手にどれだけダメージを与えられるか』。ときには、『サッカーをやめさせるくらいの衝撃を与えられないかなあ』なんてことも（笑）。これはちょっと極端だとしても、相手との心理戦を楽しむことは、サッカーの醍醐味のひとつだと思います。日本の子供たちは、もっともっと自分のやりたいことをピッチで表現していいんじゃないでしょうか」

取材後記

なんとまあ、素直じゃない子供だったのだろう！

この取材で最も印象に残っているのが、ブラジル人監督から指導を受けたとき、少年時代の風間八宏さんはあえて教えられたのとは違うフェイントでシュートを決めたというエピソードだ。

中学生にもかかわらず、サッカー大国から来た監督の教えに従わず、それ以上のことを見せつけようとするとは……。

悪く言えば、ひねくれている。良く言えば、クリエイティブ。別の角度から言えば、相当なイタズラっ子。どうやら日々の練習から、〝驚き〟に満ちてないと満足できない子供だったらしい。

ひとつはっきりとわかったのは、人に教えられたことをできて満足しているようでは、絶対に天才の域には到達しないということだ。子供のときから、風間さんの中には自分だけの価値基準が存在していた。

次に何をするかわからない部分は、もちろん大人になった今でも変わらない。

たとえば川崎フロンターレの練習メニューにしても、あらかじめ大ざっぱな方針だけを考えておき、練習開始直前にピッチに出てから細かい部分を決めるそうだ。

「ピッチに出た方が、距離感をイメージできる」

そう風間さんは理由を語る。

また、いざ練習が始まって、そのメニューを選手に説明する段階になって、決めておいた内容をいきなり変更することもある。選手の表情やちょっとした立ち振る舞いを見て、「こうした方が意図が伝わるはず」とひらめくからだ。

発想が縛られているということがまったくない。

とにかく予想不可能。風間さんの頭の中を理解するまでの道のりは、まだまだ長そうである。

第6章のココがポイント

Kazama's Selection

◎真の天才は、人とはまったく違うものを見ている。

◎「これをしなさい」と言うのは近道だけど、子供が自分で道を作るチャンスを奪ってしまう。

◎今、自分が凡人だと感じていたとしても、必ず自分の中で天才になれる。

Chapter.7 Introduction

約 30 年前、筑波大学を卒業した風間八宏さんはドイツへと渡った。日本の名だたる実業団から破格の条件を提示されたが、トップレベルのサッカーに挑戦したいという衝動が風間さんを突き動かした。

だが、当時はまだ外国人枠が極めて厳しく、チームにドイツ人以外の選手は 2、3 人しかいない時代。風間さんは外国人枠の壁の前に自分の立ち位置を見失い、ノイローゼになりそうなほどに精神的に追い詰められる。

結婚、移籍、闘争、そして昇格……。

いったい風間さんは、そこからどう這い上がって行ったのか? そして何を得たのか?　悩みながらも常に前進し続けたドイツでの日々を振り返り、その経験から日本だからこそできる育成の未来像を提案する。

第7章

異端者カザマヤヒロの分岐点

初出『世界が驚嘆した！欧州サッカーで輝く日本人』（宝島社）掲載　2011年12月

ドイツのプロ生活で苦闘しながら切り拓いた新境地

18歳で日本代表に選ばれた天才MFにとって、海外のプロリーグを目指すのは当然の成り行きだったのかもしれない。風間八宏は多くの実業団チームからオファーを受けながら、筑波大学を卒業するとドイツに渡り、日本人として3人目のプロ選手になった。当時のドイツは外国人枠が2つに限られており、今以上に日本人選手が移籍するのは簡単ではなかった。欧州移籍のパイオニアは、ドイツでどんな壁に直面し、それをどう乗り越えたのだろうか。

――筑波大学を卒業してドイツへ渡ったのは、どういう経緯だったんですか？

「筑波大の先輩の田嶋幸三さん（現日本サッカー協会副会長）がケルン体育大学へ留学していて、ちょうどレバークーゼンでコーチ研修をしたあとだったんです。そのツテというか口利きでレバークーゼンに行くことになった。その少し前に日本代表のイギリス遠征があって、向こうのプロチームと何回か試合をやったのを観て、田嶋さんも『大丈夫じゃないか。行ってみろよ』と言ってくれた。で、84年の5月下旬に、レバークーゼンで2週間、プロテストを受けることになったんです」

――最初はあくまでテストだったわけですね。

「正直、あっちは日本人選手なんか相手にしてなかったですからね。自分の前にも何人か日本人選手がテストを受けに来ていたそうなんですが、1日で帰されたケースもあったとか」

――実際、レバークーゼンに到着して、テストはどうだったんですか？

「到着した日に『汗をかきに行っていいですか？』って田嶋さんに聞いて、翌日レバークーゼンのセカンドチームの練習に参加させてもらいました。そうしたらその日にプロ契約が決まっちゃったんですよね（笑）。あれ、テストは2週間かけてやるんじゃないの？　って感じでした」

――たった1度の練習でOKになったと。

「グラウンドに行ったとき、まわりが完全に舐めているなって気がして、じゃあ見せてやると思って。ドリブルで抜きまくった。当時レバークーゼンのトップチームの監督はクラマーさんだったんですけど、この練習を観に来ていて『すぐうちに来い』ってなった。『もうシーズンも終わるから、他のテストを受けるのは難しいだろ』と。その2、3日後、正式にプロ契約をしました」

――合格後は1度日本に帰ったんですか？

「いや帰らないで、そのまま部屋を用意してもらいました。ちょうど欧州選手権がフランスで開催されたので、田嶋さんと2人で車で試合を観に行ってね。マルセイユで車の中の荷物を全部盗まれたり、すごい珍道中でしたよ」

——荷物を盗まれたんですか⁉

「マルセイユのホテルの受付に行って、車に戻ってきたら車の鍵が開けられていて。15分くらいの出来事。警察を呼んでくれってホテルに言ったら、『外から見える場所に荷物を置いていたおまえらが悪い』って。そのせいで、いまだにフランスは嫌いですね（笑）」

——その直後の7月からいよいよ初めてのシーズンが始まりましたが、どうでしたか？

「当時のブンデスリーガは外国人枠が2つに限られていて、すでにレバークーゼンの枠は埋まっていた（注：韓国代表の車範根《チャボムグン》、ノルウェー代表のギスケがいた）。自分は3番目の外国人だったから、レバークーゼンのセカンドチームの合宿に行った。当時自分も初めて知ったけど、セカンドチームはドイツ3部リーグに参加していてね。で、合宿後は、午前中にトップチームの練習に出て、夜にセカンドチームの練習に出るという毎日だった」

——ひとり暮らしでしたか？

「そう。でも、ドイツのルールを知らないし、何をしていいかもわからないし、言葉もわからない。努力もしなかった。最初の1年間っていうのは本当に、いろいろと迷い、悩みました」

——1年目にそんなに苦しんだんですか？

「見るものすべてが新鮮で、スタートはものすごく良かった。セカンドチームでは10番をつけて、トップチームでも大事にされた。最初の練習試合でいきなり2ゴールを決めてね。でも、そこで努力をしなくなったんですよね」

——どういうことですか？

「人間関係で、すごく引っ込み思案だった。言葉を話せないことを楽しめば良かったのに。もうひとつはある程度のお金を手にして、自分の中のプロっていうものが変わっちゃったんだよね。トップのマネージャーからは『来季は上でやる』って言われていたから、自分はまわりのチームメイトとは違うんだって思っていた。それでプロっていうのは、『自分だけ良ければいい』って勘違いしてしまった。監督の指示を無視して、自分がやりたいことをやっていた。でも、チームメイトはチームが勝つために一生懸命やって、実際、次の年に彼らはいろんなチームからオファーをもらってプロになった。今だからわかるのは、プロだろうがアマチュアだろうが、チームを勝たせる選手がいい選手だってこと。自分も小さい頃からずっとそうやってきたのに、いつの間にか意味のわからないプロフェッショナルっていう言葉に左右されて、自分だけが良ければいいんだって思ってた」

――プロの意味を勘違いしていたと。

「勝つべきことを考えれば、もっと監督の話を聞くべきだったし、もっと言葉を勉強すべきだった。1年後、レバークーゼンを出て行くときに監督から言われたのは、『いくら技術や才能があっても、チームのために戦わないヤツはいらない』って。それからは常にそのことを大事にしました」

――まるでブラジル人選手のようだったんですね。

「今日は左サイドでやってくれって言われても、自分は嫌だから中に入っちゃうとかね。そんな選手、使わないですよね。最終的に先発から外されるようになった。でも、自分としては本気でやればやるほど、監督と衝突してしまう。考えていることの方向性が違うわけだから。当然、私生活も乱れちゃった。契約したとき、チームのマネージャーから『プロは心が削られるスポーツだから、プライベートでは心を休ませなきゃいけない』と言われて、すごく高い家具をそろえてくれたんですよね。質のいい木製の家具で統一して、キッチンも100万円くらいのものをつけてくれたり。でも、飲んだくれちゃった」

――そんなに荒れていたとは。

「結局、1年目の終盤になってその言葉の意味がわかってきた。自分が孤独っていうこともわかってきた。話す相手も当然いないし、今みたいにメールもないわけでしょう？　だからどうしていいかわからなかった。そこで追い打ちをかけるように初めて肉離れの怪我をした。そのときもちゃんと治療すればいいのに、わからないからそのままにしていたら『何やってんだ！』って言われて。やろうとすればするほど、だめになる。友達も1人もいない。例えば2点取って逆転して帰ってきても誰も褒めてくれない。逆に自分が失敗して負けて帰ってきたら、家が監獄みたいだよな。どんな家具をそろえていようが全然だめ。本当の孤独っていうのはこういうことかなって思った。入団した当初、車範根と食事をしたとき、カタコトのドイツ語でコミュニケーションをして、『ノイローゼになるなよ』って言われた。俺がなるわけないじゃんって思っていたけど、これはなるかもなって思った。1回もサッカーをやめようと思ったことはないけれども、やっちゃいけない人間なのかな？　って思ってしまった」

――よくそこから立ち直りましたね。

「マネージャーのシートさんの存在が大きかった。ドイツ語はわからなくても、やっぱり本気で聞こうとすると何を言っているかわかるんですよね。シートさんから『お前は人間でも選手でもない！』って言われて……」

――強烈な一言ですね。

「ちょうどシートさんはレバークーゼンを離れるときで、『お前なんかどこにもやれない。だから俺についてこい』って。で、3部から2部を目指していたレムシャイトに移籍することになった。そのタイミングで学生時代から交際していた今の奥さんに、『結婚してドイツに来てくれないか』ってプロポーズしました」

――まさに再スタートですね。

「それでシートさんと『何からやる?』ってことになった。『お前は本気になってない。なんでドイツへ来て、俺をわかれ、俺をわかれってやるんだ? なぜこっちのことをわかろうとしない』と言われた。まずドイツ語の先生をつけるところから始めました」

――2年目から心を入れ替えたわけですね。

「心を入れ替えるっていうよりも、考え方を変えた。1年目はサッカー選手としてしか考えられなかったけど、やっぱりサッカーだけやっていればいいっていうのは違う。2年目からは言われることをすべて受け入れようと思った」

――なるほど。

「たとえばクラブのイベントにも、怖くても出たりとか。町の肉屋さんの抽選会に行ったりね。言葉が100%わかるわけじゃないから怖いんだけど、言われたことをすべてやった。プレーもそう。それをやりだして、ただのサッカー選手じゃなく、ここの住民になろうって思ったの」

――よく変わることができましたね。

「人は変わるんだよ(笑)」

――他の選手にしたら、そう簡単なことではないと思いますが。

「お酒もやめた。家で少し飲むくらいはあったけど、人前では飲まなくなった。もっと楽しいことを見つけたから」

――レムシャイトのサッカーが楽しかった？

「レムシャイトが2部から3部に落ちたのは自分が加入する前年だったんだけど、1部から誘われていたヤツが5人くらい残っていてすごくいいチームだった。開幕戦はサブだったんだけど、『このままじゃダメだ』と思って、監督に自主練習を直談判して。そうしたら『1時間だけだぞ』って監督も一緒につきあってくれた。2試合目は古巣のレバークーゼンのセカンドチームとの対戦だったんだけど、自分は左のアウトサイドで先発出場して、4アシストくらいしたんだよね」

――古巣相手に大活躍したわけですね。

「試合後うちの監督が、相手監督に話しかけられて『どうやってあいつを手なずけたんだ？』って言われたんだとか。そうしたらうちの監督は『ヤヒロは1番信用のできる選手だ』って答えたと。それを聞いたときは本当に嬉しかったです。結局、レムシャイトは3部の西地区では優勝したけどプレーオフで1位になれなくて2部には上がれなかった。でも、2部の他のクラブから誘いもあったけど、レムシャイトを上げたいからチームに残った。自分のサッカー人生で、一番人間的に変わった年だったと思う」

――結婚したのも大きかったですか？

「そうですね。心が削られる商売だから、心が安定するのは大きい。負けたら気分も悪いし、勝てば嬉しいけど、心がブレなくなったよね」

――レムシャイトの2年目、チームは見事、2部昇格を果たしましたね。

「当時3部は34試合やったあとに、それぞれの地区で優勝した5チームが集まってプレーオフをやっていた。最後のヘルタ戦でレムシャイトは2位という状況だった。その大一番で、信じられないくらい自分の調子が良くて。ミスがひとつもないような状態。相手がバーンて来てもスッて浮かしてかわすとか」

――相手がスローモーションに見えるとか？

「スローモーションに見える試合は過去にもあったけど、それ以上の状態。多分、他の選手もそうだったんだろうね。前半は0対1で負けていたのに、みんなすごく落ち着いていて。瞬きできないくらいの集中力だった。そうしたら後半、パパパンと点を取って3‐1で勝った。自分が自分じゃないみたいな感覚があった。いつかもう1回、そういう経験をしたいと思いながらずっとやっていたけど、そういう状態はあのヘルタ戦しかなかった」

――昇格が決まって、町は大騒ぎでしたか？

「市庁舎に何千って人が来たよね。あと、ヘルタ戦に勝った夜は、ベルリンの高級ホテルの部屋を借りて、朝まで大騒ぎして。途中で上半身裸になって、机の上で黒田節を適当に歌った。そうしたら次の日の新聞の一面がそれでね（笑）。その後しばらくは、町を歩いていると机を持ってこられて、『踊って！』って言われるようになった」

――レムシャイトでは3シーズンプレーし、次にドイツ2部のブラウンシュバイクに移籍しました。

「当時の2部で、最もファンが熱いチームがシャルケとブラウンシュバイクだった。平均で2万人くらい入っていたからね。監督とはかなり言い合ったけれど、それでも先発で使われてた。あるとき『あ、監督は俺の存在を否定してるのではなく、俺のプレーを批判しているだけなんだ』って気がついた。日本のマツダ（現サンフレッチェ広島）に移籍するときも、ずっと監督は引き止めてくれたから」

――日本に戻るときは感傷的になりましたか？

「ちょっと変かもしれないんだけど、ドイツで5年間プレーして飽きていた部分もあったんですよ。まだ上がいくらでもあるっていうのはわかっていたけど、いろんなことを乗り越えて、『いつ倒れても再び起き上がれる』ということがわかったから。自信なんかいくらでも崩れちゃう。でも、それをもう1度築けばいいやって思えるようになった。それが本当の自信だと思う。その繰り返しを何回かやって、やっとプロになれたかな？　って思えて。オランダ、フランス、ベルギーの1部からも誘いはあったけど、マツダは5年間ずっと声をかけ続けてくれたので、もう他には行けないなと」

――マツダからはどう誘われたんですか？

「チームを変えられる選手がほしいけど、外国人じゃダメなんだ、日本人じゃなきゃいけないと。本当に自分を必要としているという思いが伝わってきた」

Jリーグをブンデスリーガよりもおもしろいリーグにできる

――ドイツに行って良かったと思うことは？

「素直に自分を見つめることができた。自分に対していろんなことを考える時間は、海外に行った方が作りやすいよね。とことん突き詰めると最後に何が残るかって言ったら、『自分ってどんな人間なのかな？』ってこと。ずっと日本にいたら、そういうことは考えていなかったんじゃないかな。逆に言うと、何でもそろった日本でも、伸びていける人っていうのはすごく立派だと思う」

――現在、ブンデスリーガ1部と2部でプレーする選手は約10人になりました。けれど、全員がレギュラーとして活躍できているわけではない。日本人選手がヨーロッパでプレーするうえで、何が大切だと考えていますか？

「それはすごく難しいテーマのようで、簡単なテーマだと思う。『勝たせてくれる選手』だったら、絶対に試合に出られますよね。それと、自分の反省を含めて、馴染めるかっていうこと。中田英寿とか長谷部誠とか、言葉を覚えるとグーンと伸びる。言葉を早く覚える選手っていうのは、早く馴染める。それも順応力のひとつだと思う」

――やっぱり言葉は大事ですか？

「言葉を覚えないと、信用を得られない。監督が先発から外す理由にもなる。アピールって言葉は好きじゃないけど、自分はチームの役に立つんだよっていうことをうまく表現するやつが生き残っていく。逆に、言うことを聞きすぎると、おとなしいって理由でベンチからも外される。自分はこれができて、これを出すとチームのためになりますよ、って自然に出せるのがいい選手」

――ヨーロッパでプレーする日本人選手の多くは「使われる選手」で、まわりを動かすタイプの「使う選手」は少ないように思います。チームのど真ん中に入るような選手が、ヨーロッパで活躍するのは難しいことなんでしょうか？

「これは日本でも同じだと思うけど、やっぱり『枝』からは決まらないですよね。木も『幹』が生えて、次に『枝』が生えてくる。『幹』をやる人はキーパーと同じくらい価値がある。その人は技術、洞察力があって、プレッシャーにも強くなきゃいけない。逆にサイドに必要なのは、思いっきりの良さ。中央のポジションはひとつの特徴じゃなくて、いろんな能力が求められる。チームのヒエラルキーの中でかなり上の方にいないと、そういう『幹』では使ってもらえない」

――世界中から選手が集まるチームの中で、どうやったらチームの上にいけますか？

「さっきも言ったようにいろんなものを持っていないといけないし、チームの考え方を表現するんだから、当然言葉もできないといけない。人としても強くなくちゃいけない。だから、若い選手がすぐにできるというポジションではないんですよね」

――経験が必要だと。

「だって、真ん中で若い選手がそんなにやっていないですよね？　最近バイエルンでクロースが真ん中で出られるようになってきたけど、レバークーゼンにレンタルで出て経験を積んだ結果。海外ではそれをよくわかっているから、その役割の選手を育てようとしている。でも、若いうちに試合に出やすいからという理由で『枝』にしちゃうと、『幹』になれる選手がいなくなってしまう」

――起用法で選手の未来が変わってしまうわけですね。

「『幹』の選手をどう育てるかっていうのは、日本にとっても重要なテーマ。10代でちょっといいと騒がれると、日本では多くのケースでアウトサイドのポジションで使われる。もしかしたら真ん中でやれる選手がいるかもしれないのに。選手の特徴を見極めて起用していかないと、みんなサイドばかり攻めるサッカーになってしまう可能性がある」

――最近のフランスは、そういう感じがします。

「フランスはそうですね。極端に言うと、ここ何年かは足の速い順番に選手を取っている感じがする。今フランスの最高に良い選手っていうのはリベリでしょ？　その前はジダンやピレスら、真ん中をできる選手がいっぱいいいた。いつのまにか真ん中の選手がいなくなってしまった。外国の良いところだけでなく、すでに陥っている問題点を学ぶことも大事だと思う」

――日本もそういう傾向があるわけですね。

「もちろん選手の能力によるけど、日本で真ん中のポジションができるようになる年齢は、25歳くらいだと思う。大事なのは、そこまでにどう育てるかっていうこと」

――どうすればいいと思いますか？

「J1だと、真ん中の才能がある18歳がいても、すぐに出るのは難しい。そういう選手がプレーできる場所を作る必要があると思う」

――新しいリーグを作るということ？

「そう。たとえばドイツでは各チームにセカンドチームがあって、そのチームが3部や4部に参加している。どのセカンドチームも基本的にU‐23と謳っている。実際は23歳以上もいるんだけど、若手がプレーする場として認識されているということ」

――ドイツでは23歳以下の選手のための真剣勝負の場が用意されているわけですね。

「現にU‐22の日本代表には、たくさんの大学生が選ばれている。当たり前だけど大学は22歳以下の選手が出ているから、力をつけられる。そういう場所を、他にも作ればいい」

――79年生まれの黄金世代以降、あまり真ん中の選手が育ってきていない気がします。

「遠藤保仁や中村憲剛がいなくなったらどうする？　っていうのは、みんな言っていることですよね。彼らがいるうちに取り組まないといけない。真ん中の選手が出る仕組みを作るのは急務だと思う」

――登録の問題もありますが、変えられると思いますか？

「変えられるでしょう。日本だったら日本独自のものを作ればいい。J2と、J1のセカンドチームが同じリーグで共存したっていい。J2を44チームにして、西と東に分けてもいい。J1を見ていると、試合に出ていない選手も相当能力はあると思う。その選手たちの能力を伸ばす場を作ってあげないといけない」

――最後に日本サッカーの未来像を聞かせてください。

「国内に目を向けたら、才能のある選手がいっぱいいる。彼らをドイツのブンデスリーガの1人にするのではなく、彼らの力でJリーグをブンデスリーガよりもおもしろくすることが可能だと思う。ドルトムントやバイエルンと比べて、『うちの方がうまいでしょ?』って言えるチームがJリーグから出てきても全然不思議じゃない。外国人にすべてを任す、見本を見せてもらうっていう時代から、それを超えていく時代になっているんじゃないかなと。だから、これから大事なのは指導者だと思う。どういうものを提供していくか、どういうものを組み立てて、才能ある選手を見逃さず、育てていくかということです」

取材後記

まだ筆者がドイツに住んでいた、2004年のことだ。

ハンブルガーSVの試合直前、日本から解説の仕事で来た風間八宏さんとプレスルームで立ち話をしていた。

するとキッカー誌のセバスチャン・ボルフ記者が近づいてくるではないか。彼は興奮しながら、こう言った。

「ひょっとしたら、あなたはカザマではないか？」

ボルフ記者は今でこそハンブルガーSVの担当をしているが、もともとはブラウンシュバイクの出身で、地元クラブの大ファンだった。当然、そこで中心選手だった風間さんのことを知らないわけがない。子供のときのヒーローに会えたことにボルフ記者は感激し、自分の思い出を語り続けた。もう記者というよりは、完全に1人のファンに戻っていた。

風間さんはブラウンシュバイク時代の記憶を遡りながら、流暢なドイツ語で質問に答えた。横顔はチームの中心選手そのもの。タイムスリップして、ユニフォームを着た風間さんがそこにいるような気分になった。

ドイツで日本人選手ブームが到来する約30年前、すでに風間さんはプロサッカー界で起こる多くのことを経験していた。すべてが手探りで、予想もしなかったピッチ外の壁にも直面したが、その分、見えてきたものがあった。ヨーロッパサッカーを無条件に礼賛するのではなく、学ぶべき点もあれば、真似すべきではない点もあることを、身をもって知っている。ある意味、日本サッカーの歴史の中で30年先を進んでいるということだ。

日本サッカーに新たな価値観をもたらす〝革命者〟になるのは、必然と言えるのかもしれない。

第7章のココがポイント

Kazama's Selection

◎プロは**心**が**削**られるスポーツだから、プライベートで**心**を**休**ませなきゃいけない。

◎プロでは、**自分**はチームの**役**に**立**つんだよっていうことを、うまく**表現**するやつが**生**き**残**っていく。

◎ヨーロッパのビッグクラブと**比**べて、『うちの**方**がうまいでしょ？』って**言**えるチームをＪリーグから**出**すべき**時代**になった。

Chapter.8 Introduction

2004年1月、風間八宏さんは指導者S級ライセンス講座の海外研修を行うため、ドイツのハンブルガーSVの門戸を叩いた。研修期間は約２週間。ドイツ時代の実績が評価されて、コーチのひとりとしてチームの中に入ることも許された。

ただし、風間さんがハンブルクを訪れた目的はこれだけではない。当時、風間さんは地元・清水で小学生を指導しており、さらなる経験を積ませるために、３人の選手をハンブルクの地元チームに練習参加させようと考えたのだ。その中に、長男の宏希（現・川崎フロンターレ）の姿もあった。

約8年前、風間さんは異国の地で子供たちに何を伝えようとしたのか?

第8章

日本サッカーを変える育成論

初出『フットボールニッポンvol.6』（講談社）掲載　2004年3月

ズバ抜けた「個」はなぜ育たないのか

2004年1月、『すぽると！』でおなじみの解説者・風間八宏は自身の息子を含む3人の小学生を連れてドイツ・ハンブルクへ武者修行に出かけた。

表向きの理由はS級ライセンスの取得のための研修だが、同時に壮大な計画があった。それは「日本サッカーを根本から変える育成改革」。日本サッカーを強化するには個性的な選手を育てることが必要だ。新たな試みとして、風間は地元・清水において、小学生から高校生が同時に練習する〝スペシャル・トレーニング〟を立ち上げた。その第一歩を、風間と子供たちはハンブルクで静かに踏み出したのだ。

風間が〝育成改革〟を思い立ったのは、2004年まで桐蔭横浜大学のサッカー部の監督を務めていたことと無縁ではない。大学で指導を続けるうちに、風間はあることを深く考えるようになっていた。

「大学生になっても、テクニックも人柄も成長するんだけど、ズバ抜けたヤツがいないんですよ。それで選手の年代を遡って見ていったら、ひょっとして小学校、中学校の時点で、すでにそういうヤツがいなくなってしまったんじゃないか、と思ったんです。大学生でもこれだけ変われるんだから、中学生でそれをやれば、きっと驚くようなことが起こるって」

風間はその計画の舞台として、自分がサッカー選手として生まれ育った清水を選んだ。清水にはジュニアユースのクラブチーム、清水FCがある。

風間はそこに目をつけた。風間自身が清水FCの出身である。愛着もあるし、事情もよくわかっている。このクラブを基盤にして改革を進めていこうと考えた。

子供たちをなるべく早く世界に触れさせる

そして、そのクラブに風間の長男、宏希が入団することになった。

背が高く、展開力のあるボランチの宏希は、すでに静岡県のサッカー関係者のあいだでは知られた存在だ。小学校の卒業が近づくと、清水エスパルス、ジュビロ磐田、静岡学園といった静岡にある中学時代の多くの強豪チームから誘いがきた。父親は息子に「全て自分で決めろ」とチーム選びには全く関知しなかった。宏希はいくつかのチームに参加し、自分の判断で清水FC入りを決めて、自分で各チームに断りの電話を入れたのである。

ハンブルクには、宏希のふたりの友だちもついてきた。ひとりは同じ小学校に通う小沢慶太郎（12）、もうひとりは元日本代表の都並敏史の息子、優太（12）である。宏希と優太は、父親を通じて知り合った仲間だ。慶太郎は宏希と同じく清水FCへ行くことが決まっており、東京に住んでいる優太は東京ヴェルディのジュニアユースへと進む。慶太郎は小学校のチームではMFで、清水FCでは右サイドバック。優太はトップ下のMF。将来プロを目指す、有望な3人組だ。

風間は「子供たちには、なるべく早く世界に触れさせてあげたい」という考えを持っている。なぜなら、自分自身に苦い思い出があるからだ。ワールドユース（1979年）で初めてマラドーナと出会ったときのことだった。

「それまで自分が世界一うまくなってやろうと思っていたけど、そんな考えが一瞬で吹っ飛んだ。今まで何やってたんだろう、って思ったね。それが17歳のとき。カルチャーショックというより、サッカー選手として〝死〟に近かった」

もっと早くマラドーナに会っていればという想いが、今でもある。今回の遠征は、子供たちを海外のクラブに入れたら、どんな化学反応が起こるかという実験と同時に、3人の将来を思ってのことだった。

3人はハンブルクでSCコンコルディアというチームのジュニアユースに入ることになった。このチームは、昨年のハンブルクの地域リーグで優勝したチームであり、さらに宏希たちよりも学年がひとつ上だ。将来プロを目指す3人にとって、絶好の相手だろう。

練習は夕方5時半から始まる。日本では考えられないような薄暗い照明のなか、ぬかるんだピッチを3人は駆け回った。ボールまわしから始まり、サーキットトレーニングを合体させたシュート練習をこなし、そしてミニゲームへと突入する。ひとまわりも、ふたまわりも大きい相手に、3人は全身でぶつかっていった。

「みんな、でかいです。でかくて、速い。まぁオレが、ちっちゃいのかな」（優太）

「練習中でもプレーが激しい。日本とは、ちょっと違う」（宏希）

「ＦＷとかＤＦとか関係なく、みんながしっかり動いて、日本より運動量が多い」（慶太郎）
みんなが最初はドイツ人の大きさや激しさに戸惑った。しかし、すぐに適応して練習初日ですでに問題なくメニューをこなし、「ドイツでもやれる」という言葉を口にするようになっていた。ただ、普通にできてしまっていることにこそ、落とし穴はあったのかもしれない。

技術のミスはしていいが、心のミスはするな

3回目の練習を終えたとき、風間は3人のプレー内容に憤りを感じていた。ホテルに戻る車中で、風間の怒声が飛んだ。

「おまえたちを見ていても、本当につまらないよ。おまえらは、チームで何をやらなきゃいけないかを探している。こっちの子供を見ろ。何を〝しなくちゃいけない〟ではなく、〝したいこと〟をやっているだろ？」

風間の指摘は、3人の問題点を的確についていた。それぞれテクニックはあるし、シュートもうまい。たとえば宏希は、密集してボールを奪い合う練習では、豊富なフェイントでただひとりずっとキープを続けた。シュート練習では、慶太郎が柔らかいキックで何度もゴールをとらえ、監督から「いいぞ！」と声が飛んだ。優太はトリッキーなテクニックで、チームメイトを驚かせた。

しかし、3人ともミニゲームになった途端に輝きを失ってしまったのである。ボールを奪ってもドリブルで仕掛けず、最初にすることがフリーの選手を探すことだった。シュートコースが空いていても、クロスを上げてしまう。誰かが攻め上がれば、バランスを考えてスペースを消しにいった。決してチームにとってはマイナスになるプレーではない。だが、まだ子供なのだ。もっとハツラツと自分のやりたいようにプレーし

てもいいのではないか。子供のうちからプロのようにプレーしなくてもいいのではないか。

「技術のミスはしてもいいが、心のミスはするな」

3人の期待が大きいだけに、風間の言葉はより厳しいものになっていた。

その日の夜、みんなで地元のスポーツ選手がよく来るという高級イタリア料理屋に行った。生ハム、ピザ、ステーキ……イタリアで食べているかのような良質な食材が机に並んでいく。しかし、3人の表情はさえなかった。「お父さんが来ると、緊張しちゃうんだよ。ミスばっかで、自分でも納得いってない」と、宏希は唇をかんだ。優太は「相手がデカくて、全然自分のプレーを出せなかった。一生この悔しさは忘れねぇ」と自分の不甲斐なさにうつむいた。それぞれが、風間の言葉をいつまでもかみ締めていた――。

3人が指摘されたことは、日本サッカー全体の問題にも通じることだろう。風間は日本サッカーの問題点を、こう説明する。

「日本には『ボクはFWです』『ボクはDFです』という選手が多く、いつの間にか『ボクはサッカー選手です』というヤツがいなくなってしまっている。日本のサッカーは将棋でいうと、歩ばかりを作っている。これではいい飛車や角、ましてや王は絶対に出てこない。とんでもない選手は勝手に出てくるものだけれど、環境を作ってやらなかったら勝手にも出てこないんです」

引退前に過ごしたドイツでの最後の1年間、風間はドイツの子供たちを指導したことがある。そこではみんなが王様であり、誰もがスターだった。今の日本とドイツの子供の差を、身をもって感じている。

――具体的に今の育成システムは、どこに問題があるのでしょうか？

「本来だったら、子供には選手としての貯金を自分でさせなくてはいけないのに、色々なことを理詰めで教えすぎている。それがその年代で、やるべきことなんですか？　と言いたい。

また、Jリーグのユースチームには、まだ卒業後の進路が少ない。高校なら大学や就職の面倒を見てくれます。海外のユースチームでは他チームに行くことができるのですが、日本にはまだその環境も整っていないかもしれません。最近はJのジュニアユースに優秀な人材が流れるようなった。もちろんそれはいいことなんですが、ただしそこから良い選手はまだわずかしか育っていない。それはなぜか？

指導者がユース年代、ジュニアユース年代と、ひとつのカテゴリーばかりで指導していると、指導者の自己満足に終わる危険があります。サッカーにはいろんなタイプの選手がいますから、指導者にもいろんなカテゴリーの選手を指導できる環境を作るべき。違うカテゴリーの指導者で意見交換をして、それを生かして指導しないと、サッカーが大人のおもちゃになってしまう」

もっと大きな夢を見るために

3人が風間から叱られた翌日、残念ながら大雨で練習は中止になってしまった。これで3人に残された練習は、ドイツ出発前日のあと1回になってしまった。いったい彼らは、風間のアドバイスを生かすことができるのか。肌が凍りつくような霧雨が降りそそぐなか、最後の練習が始まった。

「あいつら、見違えたよね」

優太が小さいからだをゴールに飛び込ませて得点を決めれば、慶太郎は柔らかい切り返しで相手を抜き去った。なかでも一番目立ったのが宏希だった。バネのあるドリブルで相手を次々にかわし、強引にシュートをネットに叩き込んだ。練習後、SCコンコルディアの監督が、宏希の獲得を熱望したほどである。3人はやらなければいけないことを、もはや探していなかった。思うままに、自分のやりたいことをプレーで表現しようとしていた。

「1年後でも、2年後でもいい。またここに戻ってきて、サッカーをやりたいです」

きっとその時は、自分の方が上にいっている。自信に満ちた顔をした宏希は、そう言っているように見えた。

ハンブルク最後の練習を終えた子供たちは、ドイツ式ボウリング〝ケーゲル〟場へ遊びに行った。やはりみんな球技に関しては、才能がある。大人顔負けに次々にピンを倒していった。食事もそっちのけで、何度も何度もボールを投げる。

ガラス越しにケーゲルをやる子供たちを見ながら、風間が言った。

「ハンブルガーSVで研修中に、トップメラー監督とも話したんです。やっぱり子供はいいよって。清水をもう一度再生しようというのも、わくわくしたいなっていうことなんですよ。とんでもない選手を目指している人間がどんどん出てこないと、それをサポートする人間がどんどん出てこないと、ジダンやアンリは生まれない。夢を持っている人が清水にはたくさんいる。そういう人たちと手を取り合えば、それが夢ではなく、目標に変わると思う。そしてもう少ししたら、もっと大きな夢を見られるかもしれないから」

Jリーグのおかげでプロサッカーチームが生まれ、ワールドカップのおかげで立派なスタジアムができた。しかし、日本には〝ハコ〟や〝入れ物〟はできたけれど、まだその中が情熱で満たされたわけではない。

「お金を出してくれる人より、情熱を提供してくれる人が、日本には必要なんです」

風間が子供たちを見る目には、必ず日本サッカーを変えるという確かな手応えが映っているようだった。

取材後記

よく編集者の方から、こんな質問を受ける。

「風間さんに初めて会ったのはいつですか?」

その〝ファーストコンタクト〟がまさにこの原稿で書いた、2004年1月のハンブルクにおける密着取材だったのである。

風間さんがハンブルクに到着した夜、ホテルのロビーで名刺を渡して挨拶させてもらった。だが、このとき筆者は、いきなり風間さんを怒らせてしまう。会話の中で「モチベーション」という言葉を使うと、風間さんは語気を強めてこう言った。

「プロは常に自分の限界までやるのが当たり前。モチベーションなんて、アマチュアの発想だ」

あとで聞かされたところによると、筆者の第一印象は「最悪」だったらしい。今思い出しても、冷や汗がにじんでくる……。

この子供たちのドイツ留学密着取材は、自分にとっても〝武者修行〟になった。スポーツライターとして駆け出しの自分が、いかにわかったつもりになっていたかを思い知らされ、基礎の基礎から叩き直してもらった。この取材がなければ、その後のライター活動もまったく違ったものになったと感じている。

それにしてもあれだけ第一印象が悪かったにもかかわらず、風間さんは会うたびに的外れな質問に付き合ってくれて、間違いや思い込みを正し続けてくれた。

風間さんがよく口にするこんな言葉がある。

「今日ダメでも、明日ダメじゃない」

サッカーだけでなく、すべての分野において、〝人を育てる〟うえで最も大切なエッセンスが、この一言に集約されているような気がする。

第8章
の
ココがポイント

Kazama's Selection

◎「何をしなくちゃいけない」を探してるだけじゃつまらない。「何をしたいか」を考えろ。

◎技術のミスはしてもいい。だが、心のミスはするな。

◎日本には「ボクはFWです」、「ボクはDFです」という選手が多く、いつの間にか「ボクはサッカー選手です」というヤツが少なくなった。

風間流サッカー観戦術③

背番号が見えるかを気にする

まずはわかりやすくするために、少し場面を限定したい。どちらかのチームがサイド攻撃を仕掛けて、ボールがTV画面の奥にあったとしよう。そのとき守っている方のチームが、どの程度「崩されやすいか」を一瞬にして理解する方法がある……と風間さんは言う。

「ぱっと見て、守っている選手の背番号が、どれくらい目に飛び込んでくるか。もしたくさん背番号が見えたら、それだけ守備者の目が届かない『背後』ができてしまっているということ。攻撃側からしたら、そこがチャンス。背後に入り込めば、一気に崩せる可能性がある」

逆に言えば、ボールが奥にあるのに、守備側の背番号があまり見えなければ、体の向きをうまく作って、背後を消せているということ。慣れてくると、背番号が見える角度によって、「これなら大丈夫だ」とわかるようになる。

さらに慣れると、今度は手前にボールがあるときにも、守備側が顔をどんな角度でボールに向けているかで、「崩れやすいか」がわかるようになる。あくまで大雑把に捉える一瞬の判定法だが、試合展開が速くなるほど効果を発揮する。

革命へのステップⅣ

規格外の夢を抱く

第9章　日本はバルセロナを超えられる

第10章　発想を解き放つ風間流の思考法

Chapter.9 Introduction

「バルセロナをどうやって抑えられるか?」という質問をしたら、答えを示せる監督は何人かいるかもしれない。実際、2010 年4月のチャンピオンズリーグ準決勝で、モウリーニョ監督率いるインテルが超守備的な戦術でバルサを退けた。また、2012 年4月には、同じように超守備的な戦術でディ・マッテオ監督率いるチェルシーがバルサに勝利した。バルサとて無敵ではない。

一方、守備という受け身の発想ではなく、「攻撃でバルサを超える」となると状況は一変する。多くの指導者がそれに挑戦しているが、まだ誰も答えを導くことに成功していない。

だが、風間さんは、いち早くその答えを導く方法論を見つけていた。筑波大学蹴球部というサッカーファンでさえもあまり注目しない大学サッカーの舞台で——。そして、風間さんは、こんな途方もないことを言うのだ。「日本はバルサを超えられる」と。

風間理論が劇的な進化を遂げた筑波時代を追う。

第9章

日本はバルセロナを超えられる

初出『サッカー批評issue52』（双葉社）掲載　２０１１年9月

相手を叩きのめして勝つサッカーを求めて

のちに日本サッカーがバルセロナを超えるときがきたとしたら、きっと筑波大学がその流れを生んだパイオニアとして記録されているに違いない。風間八宏監督の下、筑波大学は新しい発想のサッカーに取り組んだからだ。

風間が筑波の指導を始めたのは、２００７年後期のことだ。かつて筑波は風間をはじめ、井原正巳や中山雅史など日本代表を輩出し続けた名門だったが、最近はスポーツ推薦に力を入れる私立大学に差をつけられ、２００７年には関東大学リーグ２部への降格危機に立たされていた。

そこで筑波が目をつけたのが、解説者をしている風間だった。ラスト５試合の時点で１度だけ練習を見るという約束で風間はオファーを受けると、「サッカーは何をしなければいけないじゃなく、何をしたいかなんだ」と意識を改革。選手たちは奮起し、勝ち点10前後離れていた差を埋め、12チーム中10位にまで順位を上げて１部残留を果たした。

当初の約束ではこれで離れる予定だったが、筑波が引き続き指揮を執ることを懇願。2008年に正式に監督に就任することが決まった。

風間は当時をこう振り返る。

「大学サッカーに興味があったわけじゃないんですけどね。気がついたら、外堀を埋められて、続けることになっていた（笑）」

筑波はその年の全日本大学選手権でいきなり準優勝。2010年は関東大学リーグで2位になった。風間が監督に就任してから、清水エスパルスのGK碓井健平や横浜F・マリノスの森谷賢太郎など、10人以上のJリーガーが誕生している。

2011年のユニバーシアード代表に最も多く選手を送り込んでいる大学は、筑波と流通経済大学だ。筑波は国立のため、スポーツ推薦が毎年5人に限られていることを考えると（私立の標準的な推薦枠は20）、驚くべきことである。

いったいなぜ筑波は変貌したのか？　まさにその秘密が、バルサと同じ方向性のサッカーなのだ。

風間は言う。

「別にバルサのマネをしたわけじゃないですけどね。勝つだけでなく、相手を叩きのめして勝つために何をするかを考えたら、自然とバルサと同じ方向性になっただけです」

日本人はすごく発想力がある

筑波の練習は独特だ。「止める・蹴る・運ぶ」の基本技術をサッカー選手の大前提として全員に求め、それを身につけたうえで「人を外す」に取り組む。

筑波の練習の一例をあげよう。横に並んだボランチ2人がパスを交換し、その前に敵2人にマークされたMFがいる。MFは人を外す動きでフリーになり、その瞬間を見逃さずボランチがパスを出す……という練習だ。これを突き詰めると、サッカーがものすごく速くなる。

ただ、考えてみれば、バルサは基本的にボールまわし（鬼2人が輪の中に入って、囲んだ5人でパスをつなぐ）といった基本練習しかしない。なぜ筑波は、こういった特殊な練習をするのか？

風間はこう説明する。

「バルサは歴史を積み重ねた土壌があって、そういうことを教えないでもできる子供がたくさんいるんです。だから、バルサにとっては、それをできる子供を探すのが一番の仕事。

一方、まだ日本には新しいサッカーの発想自体がないから、発想を教えなければいけない。もちろん質を高めるには〝探す〟こともものすごく大事です。ただ、やはりそのときにも、探す側に新しい発想がなければ、それに適した才能を持った子を見落としてしまうかもしれない。プレーするうえでも、育成のうえでも、今の日本は古い発想を捨てて、新しい発想を持つことが必要なんです」

その新しい発想とは、わかりやすくいえばバルサ的サッカー、風間的にいえば「ピッチのどこからでも相手を叩きのめす」というサッカーだ。

風間が監督に就任して4年目を越え、全員が1年生のときからその指導に触れた選手になったことで、こういう発想は全員に浸透しつつある。

「筑波では面ではなく、点で合わせるサッカーをしているので、1人でもついていけない選手がいると成立しなくなってしまう。ビジョンが壊れてしまうんです。バルサの強みは全員が発想を共有していること。筑波でもまだ人数は限られていますが、だんだんと共有できるようになってきました。でも、練習ではできているのに、試合では1度のミスでボールを扱う技術に自信が持てなくなり、パスを受けたがらなくなるということも起こる。そうするとやっぱりチームが成り立たなくなる。そこは心を扱う技術でもあるので、経験を積み、常に高めていくしかありません」

では、バルサを本気で超えるとしたら、いったい日本人選手の何が武器になるのか?

その鍵は、国民性にある。

よく日本のサッカー界では、選手が指示を守りすぎて、型にはまってしまうと言われる。間違ってはいないだろう。リスクを冒す選手が少ないのは、日本の大きな問題点だ。だが風間は〝言われたことに取り組む姿勢〟にこそ、大きな可能性が眠っていると考えている。

「日本人は自分で考えて問題に取り組むのが得意なので、発想さえ与えてやれば、すごく変化を起こしやすい。そういう学生たちを、筑波で何人も見てきた。実は日本人というのは自分たちが気がついていないだけで、すごく発想力があるんじゃないでしょうか」

バルセロナのゴール前での崩しには意外に甘さがある

風間は、大学生たちの劇的な変化を目の当たりにし、今までは漠然としていた〝日本サッカーが世界一になる〟という目標が、現実の物として見えるようになってきた。

「今バルサは間違いなく世界でトップのチームですが、ゴール前での崩しとなると、意外に甘さがある。ゴール前で人を外すことに関して、もっとみんなが厳密に、緻密にプレーする余地がある。今のバルサは中盤でのシャビ、イニエスタ、メッシの崩しに頼っていて、他の選手がゴール前で（ペナルティボックスの角あたりの）スペースに走り込んでいることが多い。もっと人を外せば、もっと中央からも崩せる。日本人ならば、そういうところまで全員が意識して、もっとゴール前でフリーになれると考えています」

実際、筑波ではそれを実践した。Jリーグのクラブとの練習試合で、MFの八反田康平（現・清水エスパルス）が中央でボールを受けた瞬間、2トップの赤崎秀平と瀬沼優司（2013年、清水エスパルスに加入することが決定）、MFの上村岬と曽我敬紀が同時に相手を外してフリーになって、スカウトたちが「何が起こったかわからない」と目を丸くするのは日常茶飯事だった。

「突破っていうのは簡単に言うと、ドリブルと縦パスとスルーパスしかない。でも、これを組み合わせると無限になるんですよ。日本の選手は意識すれば、ゴールが決まるまでそれをやり続けることができるはず。最近は日本人だけを集めた方が、いいチームができるんじゃないかと思っているくらいです」

普通の感覚ならば、大学サッカーでの出来事を例に「バルサを超えてやろう」などと考えることは、あまりにも大胆で思いつきもしないだろう。だが、風間にとっては、ごく自然な発想なのだ。常識を疑い、その場限りの正解ではなく、普遍的な〝絶対〟を追求してきた者にとっては――。

日本人はルールを守りすぎる反面、とことん道を究めようとする追求心とディティールにこだわれる緻密さがある。発想さえ持てば、まだまだ時間はかかるかもしれないが、バルサを超えることも不可能ではないはずだ。

取材後記

筑波大学蹴球部が日本サッカー界きっての名門で、風間さんを始め、数々の日本代表選手を生み出してきたことは知っていた。ただ、自分が筑波大学のOBではないこともあって、あくまで〝記録の中〟で出会う遠い存在にすぎなかった。

だから、まさかこんなに筑波大学に通うことになるとは、まったく想像していなかった。

実は筑波大学の最寄り駅の「つくば」は、東京から意外に近い。秋葉原駅から「つくばエクスプレス」に乗ると最短で45分。夕方の練習を取材しても、十分に日帰りできる距離だ。

通い慣れると、「つくばエクスプレス」に乗る時間が妙に楽しみになってきた。練習は風間理論の最高の〝講義〟だ。また新たなことに出会うと想像するだけで、ワクワクしてくる。車内は前回までに聞いたことを整理する絶好の場所になった。実際の練習では、ピッチの中に入れてもらって、スタッフのひとりかのように、すぐ目の前で見させてもらうこともあった。

筑波でインタビューするとき、場所はたいてい風間さんの研究室だった。事務机が2つ並んでいて、ソファーと小さなテーブルが置かれていた。印象に残っているのは、ちょっとした空き時間があると、風間さんはフジテレビの人に用意してもらったDVDで、ヨーロッパの試合をチェックしていたこと。「何も起きない時間帯」と「何かが起こりそうな時間帯」を見分けるのが早く、その試合の本質をあっという間に理解してしまう。忙しい中、こうやって見ることで、常に新しい情報を得られているのだと思った。

風間さんが川崎フロンターレの監督に就任したことで、個人的に筑波を訪れる機会は減ってしまうが、これからも〝新しい発想が生まれる場所〟として筑波大学蹴球部に注目していきたいと思う。

第9章
の
ココがポイント

Kazama's Selection

◎**日本人**は**自分**たちが**気**がついていないだけで、すごく**発想力**がある。

◎バルサは**間違**いなく**世界**でトップのチームだが、ゴール**前**での**崩**しは**意外**に**甘**さがある。**日本人**はもっと**緻密**にできる。

◎**突破**は**簡単**に**言**うと、ドリブルと**縦**パスとスルーパスしかない。でも、これを**組**み**合**わせると**無限**になる。

Chapter.10 Introduction

ふと思うことがある。なぜ風間八宏さんは、常に新しい発想を思いつくことができるのか? と。

筆者は2011年3月から2012年4月まで、「Numberでは書けない話」というメールマガジンを週に1度のペースで配信していた。完全な個人メディアで、内容は自由。自分の興味が赴くままにテーマを選んでいたので、自然と風間さんが当時率いていた筑波大学蹴球部の話が多くなった。

タイトル通り、雑誌では誌面の都合で書けないような、ものすごく細かいことに焦点をあてた原稿ばかりだ。それだけに今見返すと、日常のエピソードにあふれていて、風間さんの日常、そして思考法の源泉に触れられたような気がする。

風間さんの思考法をあぶり出すべく、約1年間のメルマガの中から風間監督に関係するものを抜粋して、ここに掲載したい。

第10章

発想を解き放つ風間流の思考法

初出『メルマガ「Numberでは書けない話」』（文藝春秋）掲載　２０１１年３月〜２０１２年４月

風間流・プレスのかわし方

（２０１１年７月５日）

先日、関東大学リーグ、明治大学対筑波大学の取材に行ってきた。やはり個人的に最も注目したのは、風間八宏監督率いる筑波のサッカーである。

「パスを出す」、「人を外す」、「パスを受ける」という基本３動作にとことんこだわり、中央からサイドから、おもしろいように相手の組織を崩していく。ゴール前で一斉に攻撃者がアクションを起こすため、スロー再生を見ないと何が起こったかよくわからない。

「監督さえも何が起こったかわからないサッカーを目指している」

それが風間監督の哲学だ。

試合は筑波が２点を先制したものの、後半に明治が一か八かのプレスをかけてリズムをつかみ、結局２対２で終了した。当然、風間監督が満足するはずがない。チャンスがありながら３点目、４点目を決められなかったことに、課題意識を持っていた。

「もし相手の守備が立ち止まっていて、待ち伏せ状態だったら、どんどんこちらが動いて相手を外さなければいけない。だが、相手がボールを激しく奪いにきたら、こちらは動く必要はないんだ。止まってボールをまわせば、相手が出てきたところにスペースができる。そんなのは当たり前のことだ」

ちょっとややこしいので、話を整理しよう。

守備陣にとって、相手を迎え撃つのに最もいい状態は何か？　きちんとブロックを作って、相手を待ち伏せする状態だ。こういうときはバルセロナならシャビやイニエスタ、マンチェスター・Uならルーニーのように、相手の背後にまわったり、一瞬の重心移動の揺さぶりをかけて、ボールを受けられる〝点〟を作ることが必要になる。

一方、相手が待ち伏せ状態ではなく、激しくプレスをかけてきたらどうか？

その場合は相手が動いて場所を空けてくれているのだから、こちらは動きまわる必要はない。しっかりとパスコースを作るところに味方が立ち、パスをまわせば自然と相手の組織は崩れる。

○　相手が激しくプレスをかけてきたら、むやみに動かずパスでいなす

×　相手が動いているのに、こちらも動いて慌ててしまう

要は相手の重心が止まっていたら、こちらが動いてそれを揺さぶり、逆に重心が移動していたら、こちらが止まって振り回してやればいいということだ。風間監督の話を聞いていると、つくづくサッカーというのは、格闘技的な要素があると感じさせられる。

✉常識を覆す風間流のシュート練習（2011年7月12日）

1年に何度か、サッカーの価値観が変わるという衝撃的な経験をする。幸運にも先週、そんな全身がとけるような瞬間を茨城のつくばで味わった。

先週末、1泊2日で筑波大学サッカー部の練習に足を運んだ。本来の目的は筑波大学の監督を務める風間八宏さんにインタビューすることだったのだが、せっかく筑波まで行って風間さんの練習を見ないのはもったいない。いつものようにピッチ脇の石段に座って、練習前のウォーミングアップを見ていた。

すると風間監督が「木崎！」と呼ぶではないか。走って監督のもとに行くと、「外からじゃわからないから中で見ろ」とのこと。選手たちの聖域とも言えるピッチに入るのは気が引ける部分もあったが、こんなチャンスは滅多にない。まるで自分も選手になったかのような気分で、風間監督の指導を間近で聞くことができた。

そこからは衝撃の連続だった。あまりにも多くのことを見聞きしたので、とても1回のメルマガでは収めきれない。今回は初日の練習で知った「シュート技術」についての考え方を書きたいと思う。

その日のシュート練習の方法は、次のようなものだった【図7】。工事現場でも使われているような赤いコーンを、ペナルティエリアの枠に沿ってぎっしりと並べていく。コーンとコーンの隙間は、ボール2、3個分しかない。選手たちはコーンの後ろや隙間からシュートを打って、それをGKが止める。

風間監督からゴールマウスの後ろに立って、この練習を見るように言われた。GKになった気持ちで見ろということだ。最初は意図がわからなかったが、風間監督の解説を聞くと、一瞬にして目の前で起こっていることの意味がわかった。

風間さんは圧倒するようなオーラを出しながら言った。

「これはGKのタイミングを外す練習だ。GKというのは、ボールがどこから出てくるか見えないと横に飛ぶタイミングを取りづらい。だからコーンを相手の足に見立てて、その後ろにボールを隠すようにしてシュートを打つ練習をする」

なるほど！　確かにコーンの後ろからシュートが出てくると、どういう軌道のシュートなのか、どうしても判断するのが一瞬遅れる。もちろんコーンにぶつけないでシュートを打つのは簡単ではないが、こういうアイデアがあるかないかで、シュート技術そのものに対する考え方が変わってくるだろう。

「だから、ある意味、前に相手がいた方がシュートは打ちやすいんだよ。相手の足でGKからボールを隠して打てばいいんだから。相手の股の下を抜けるボールもそう。世界でゴールを決めているストライカーというのは、例外なくこの技術を身につけている」

この概念を意識してJリーグのダイジェストを見ると、まさにボールが味方の足の陰から出てきて、GKの反応が遅れるというシーンが何回も出てきた。逆に言えば、GKのミスもよりわかるようになる。

「こういうシュート練習をしていると、GKも鍛えられるんだよ。ぎりぎりまで動かずにシュートを待って、見極められるようになるから」

「ゴールを決めるのに強いシュートなんて必要ない。GKのタイミングさえ外せばいいんだ。あとはゴールマウスのどのポイントに打つかを決定すればいい。まあ、その〝決定〟が一番難しいことなんだけど」

シュートというのは、野球の投手と打者の関係に似ていて、いかに相手のタイミングを外して、相手の手（バット）が出てこないところにボールを打ち込める（投げ込める）かが鍵なのだ。

【図7】風間流のシュート練習

風間監督が筑波大で行っていたシュート練習。相手の足でボールを隠し、GKのタイミングを外してシュートを打つという世界レベルのストライカーが実践している技術を身につける練習だ。

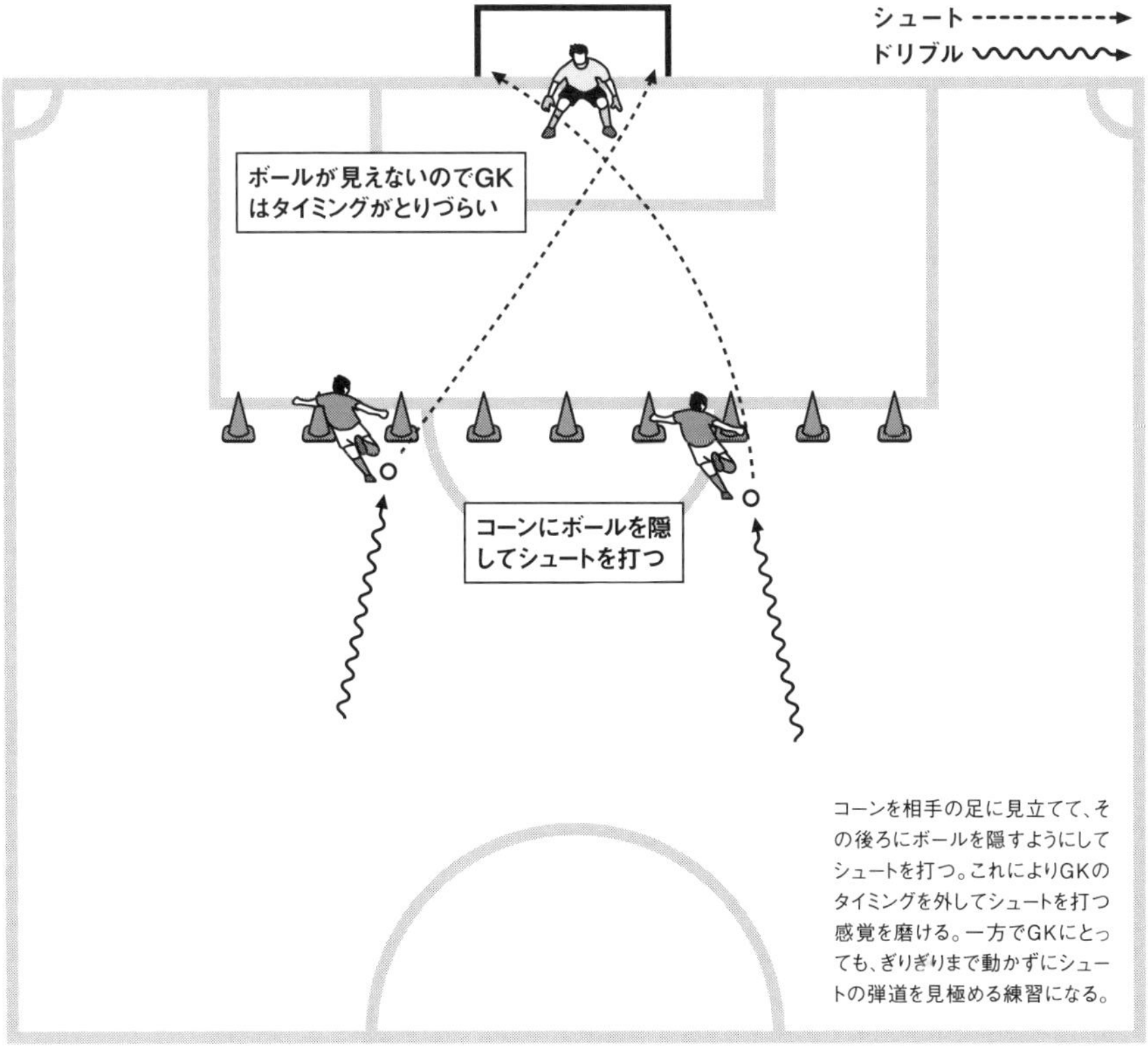
シュート
ドリブル
ボールが見えないのでGKはタイミングがとりづらい
コーンにボールを隠してシュートを打つ
コーンを相手の足に見立てて、その後ろにボールを隠すようにしてシュートを打つ。これによりGKのタイミングを外してシュートを打つ感覚を磨ける。一方でGKにとっても、ぎりぎりまで動かずにシュートの弾道を見極める練習になる。

もし時間があれば、2011年5月、チャンピオンズリーグ決勝のメッシのゴールシーンを見返してみてほしい。このシーンでは、ドリブルで横に進むメッシに対して、DFが止めようと並走していた。ボールがDFで隠れていたため、GKのファン・デル・サールは視野を確保するために、わずかに右に重心を移動させた。メッシはそれを見逃さなかった。その瞬間、左足を素早く振り抜き、シュートをファン・デル・サールが動いたのとは逆の方向に突き刺したのである。

もう1度まとめると、ボールを相手で隠し、それをGKが嫌って動いたら、それとは逆方向にシュートを打ったということだ。

相手の足でボールを隠して、シュートを打つ技術。これを意識して身につけた選手がいるかいないかで、間違いなくチームの決定力に差が出てくる。

「サッカーはすべてが技術論になる」

風間監督にかかれば、決定力不足という曖昧な表現も、より具体的な技術の不足として表現される。

✉ どうやったら中盤で相手を外せるのか？（2011年7月19日）

前回は風間八宏監督が筑波大学で行っている、シュート練習についてレポートした。翌日もピッチの中に入ることを許され、まるで自分が怒られているような気分になりながら、取材させてもらった。その様子を書いてみたいと思う。

風間監督の練習には、独特のメニューがある。「人を外して、ボールを受ける」動作を研ぎ澄ます練習だ。先に絵にした方がわかりやすいので、略図を描こう【図8】。

【図8】中盤で人を外す練習

風間監督が筑波大で行っていた中盤（4つのコーンの中）で人を外す練習。「動き出すタイミング」と「相手の重心移動と視野を見極める」ことを的確にやれば、相手が近くにいたり、狭いエリアでもボールを受けられるようになる。

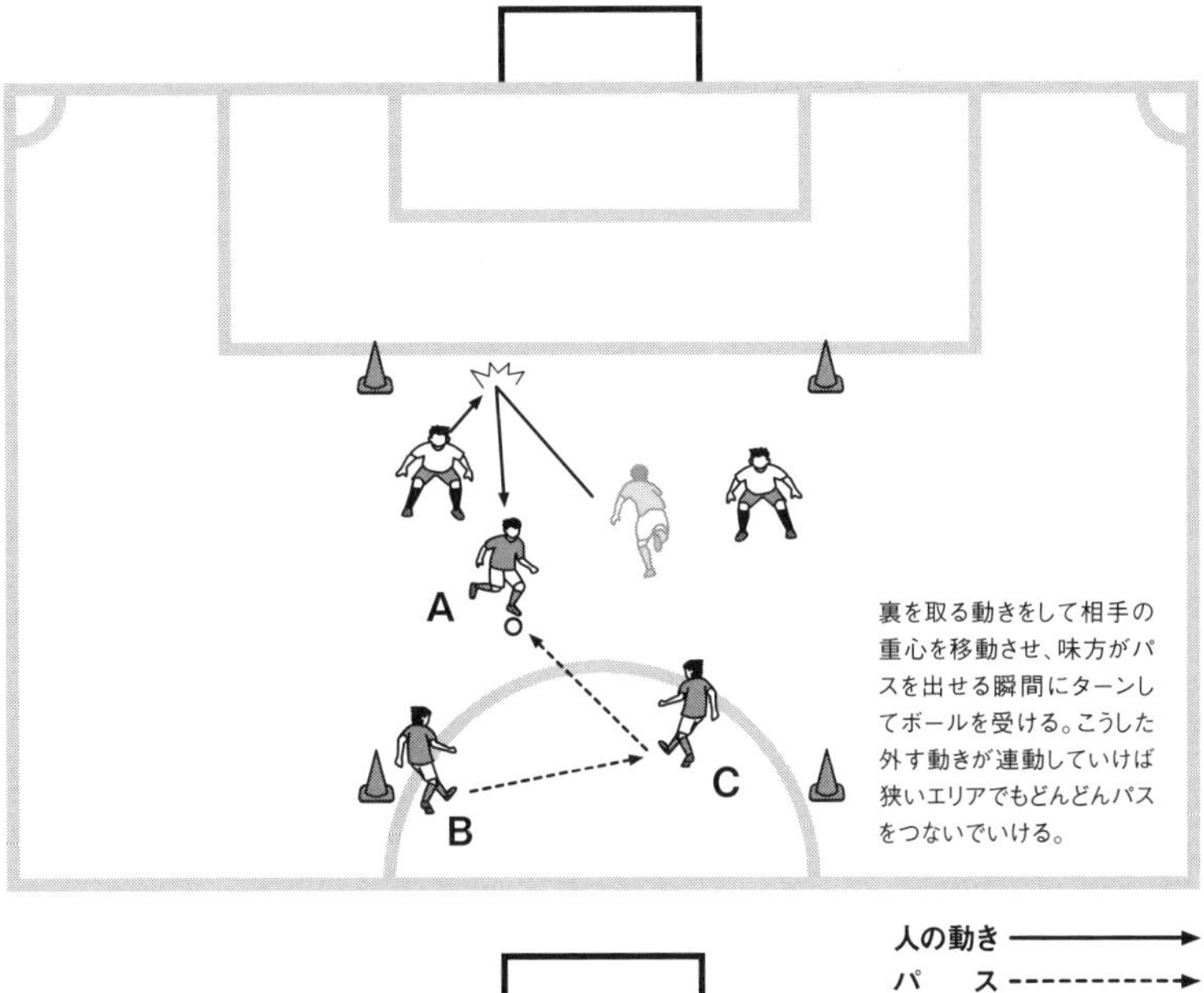
A
B
C
裏を取る動きをして相手の重心を移動させ、味方がパスを出せる瞬間にターンしてボールを受ける。こうした外す動きが連動していけば狭いエリアでもどんどんパスをつないでいける。
人の動き
パ　ス

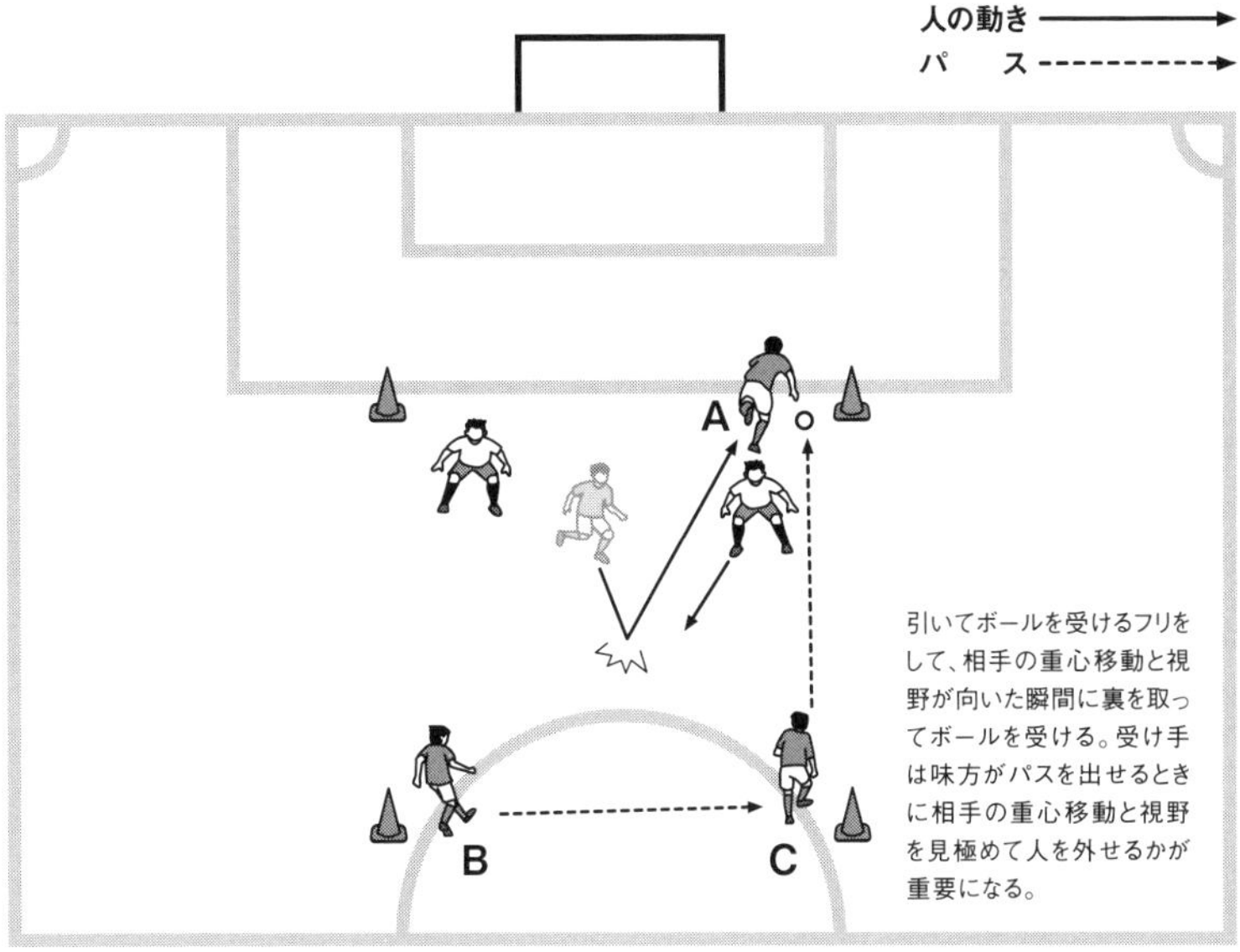
A
B
C
引いてボールを受けるフリをして、相手の重心移動と視野が向いた瞬間に裏を取ってボールを受ける。受け手は味方がパスを出せるときに相手の重心移動と視野を見極めて人を外せるかが重要になる。

まず敵陣の真ん中あたりに、敵2人、攻撃者1人（A）が立つ。そしてセンターラインにいる2人（BとC）がパスを交換している間に、Aが守備者2人のマークを外す動きをする。で、Aが何かしらの動きによってフリーになった瞬間、BとCのどちらかがパスを出す。

ここで受け手（A）にとって、重要なポイントは2つある。1つ目は「動き出すタイミング」だ。Bもしくは Cがボールをコントロールしていない状態で、いくら動いてもパスが来るわけがない。きちんとボールを止めて、パスを出せるぞという状態になったときに、Aはぱっと動き出すようにする。

2つ目は「相手の視野と重心移動を見極める」ことだ。相手の目の前にいたら、いくら動き回っても相手は恐くないだろう。ボールとマークすべき敵を同時に把握できるからだ。だから視野から外れることが、まずは人を外すファーストステップになる。また、相手の重心移動の逆方向に動けば、どんなに相手は近くても反応できない。単純な例をあげると、自分がうしろにバックステップして、もしそれにつられて相手もバックステップしたら、一気に前に出ればフリーになれる。

要は緩と急、静と動をうまく使い、相手を揺さぶってフリーになるということだ。

「相手の目の前で動いても、相手に把握されているぞ！」

「パスの出し手がボールをセットしてないのに動いても出てこないぞ！」

「動きすぎだ！　人を外すのにそんなに動きは必要ないんだ！」

イメージとしては、ダブルボランチからのパスをMFが受けて、シュートまで持っていくという練習だ。実際、GKがボランチにボールを出して、攻撃を組み立てていくときにこの形になることが多い。

個人的に驚いたのは、この「人を外す動き」を意識したミニゲームだ。狭いエリアの中に十数人が入り、パスをまわしていく。近くで見ると、あまりに動きが速く、とても相手の重心移動なんて見ることができない。エリアが狭いので一見フリーな選手はいないのだが、相手の逆を取ったらパスを受けられるので、うまくまわりが動くとどんどんパスがつながっていく。

Jリーグでは相手が近くにいると、取られると思って味方にパスを出さない傾向がある。人を外す動きのイメージをチームとして共有できてないからだ。それは日本代表も同じで、遠藤保仁が嘆いていることのひとつである。だが、筑波ではこのイメージが共有されているため、もちろん技術的に足りない部分はまだまだあるが、うまくいくときはいったい何が起こったかわからないような攻撃をすることがある。

風間監督にあとで言われた。

「おまえはまだ『わからない』と言うだけマシだ。サッカーの経験があると、自分のわかる範囲だけを切り抜いて理解したつもりになってしまう。それでは本当に何が起こっているか、わからないだろう」

受け手が人を外して、出し手はその足元にズバッとパスを出す。バルセロナの人たちは、これを「ハンドボールサッカー」と呼んでいる。サッカーにはダイレクトプレーがあるので、もしかしたら手でやるよりも速いかもしれない。

今、自分はライターとして、どうやって筑波のすごさを伝えるか、そこに大きなやりがいを感じている。

頭の中のミスをなくせ！（2011年9月20日）

9月17日、関東大学リーグの慶応大学対筑波大学の試合を取材してきた。結果を言うと、筑波は前半に1点を先制されたが、後半に2点を返して2対1で勝利。筑波は首位をキープした。これで全日程の半分が終わり、ブンデス風に言えば前期王者ということだ。

この試合で最も勉強になったのが、技術的なミスだけでなく、「頭の中のミス」があるということだ。

前半、筑波はいつものようにパスがまわらず、逆に慶応に押される場面が目立った。ハーフタイムに風間監督はドスの利いた声をロッカールームに響かせた。

「タカキ（曽我敬紀、3年生）とタニグチ（谷口彰悟、2年生)、お前らが別人に生まれ変われ。そうすれば、この試合は終わりだから」

普通の感覚で言えば、前半、この2人はパスやトラップといった「技術的なミス」はほとんどしていなかった。だが、風間監督からしたら、パスを出せるのに出さないといった「頭の中のミス」を連発していたのだ。

試合後、風間監督はこう解き明かした。

「やつらの頭の中には、すでに成功体験がある。でも前半、それが見えているのに、相手に取られるかもしれないといった気持ちが先にきて、失敗を恐れて安全なパスばかり出していた。これが頭のミスだ。1人がこういうミスをし始めると、攻撃がノッキングしてしまう」

「たとえ頭のミスを1度したとしても、それを受け入れちゃダメなんだ。失敗なんて恐れず、成功に合わせ続ける。そういう心のコントロールをできるようにならなければいけない」

「うちの攻撃は、全部相手の逆を取る。相手が速くプレッシャーをかけてくればくるほど、逆を取れる」

後半、タカキと谷口は生まれ変わった。パスコースが限られていても、狭いエリアでフリーになった選手に果敢にパスを通し、自らもドリブルで仕掛ける。

まずタカキはゴールラインを舐めるように真横にドリブルして同点弾を決め、さらにカウンターからGK

と1対1になって冷静に逆転弾を決めた。

ミスをしていないように見えても、実は頭の中でミスをしている。おそらくJリーグにも、日本代表にも、同じ問題が潜んでいるだろう。

筑波大のサッカーから戦術論をとことん考える

（2011年11月8日）


優勝争いのプレッシャーなのか。それとも徹底的に研究されたことによる苦戦なのか――。関東大学リーグの首位を走っていた筑波大学が、ここにきて2連敗し、首位の座を明け渡してしまった。

まずは11月3日、筑波は明治に1対2で惜敗。これは後期に入ってから、初の黒星だ。さらに11月6日、神奈川大学に1対2で敗戦。優勝を狙う上で、あまりにも痛い連敗である。

とはいえ、ここで取り上げたいのは、大学リーグでどこが優勝するかということではなく、厳しい戦いの中で見えてきた「戦術論」だ。この2試合、筑波大学を率いる風間八宏監督を取材し、ときには移動の車に同乗させてもらい、いろいろな疑問をぶつけさせてもらった。

風間監督は日本サッカーの常識を覆す、新しい発想のサッカーを作り出すことに挑んでいる。だが、選手たちはまだどこか従来の発想から抜け切れてない部分があり、今回のリーグ戦終盤での苦戦は、選手たちの思考における〝旧価値観〟と〝新価値観〟の衝突と見ることもできる。

正直言うと、その衝突は、自分の頭の中にもある。風間監督は記者会見で「守備の練習はしない」と公言している。だが、はたしてそんなことが可能なのだろうか？　と思う部分もあるのだ。

あえてこちらが〝旧価値観〟側の立場になって、風間監督に質問をぶつければ、より〝新価値観〟が浮き彫りになるのではないか。「おまえは何もわかってないな」と呆れられることを承知で、風間監督に密着した。

サッカーの組織的な守備戦術には、大きく分けて2つの方法があると言われている。ひとつは相手をピッチのサイドに追い込んで、ボールを奪うやり方。もうひとつはピッチの中央に追い込んで奪うやり方だ。

日本代表のザッケローニ監督は前者のタイプで、プレスの練習ではボールをサイドに追い込むように指示する。相手のパスコースを限定しやすい利点があり、ヨーロッパではこちらの方が一般的だ。

一方、女子日本代表の佐々木則夫監督はボールを中央に追い込み、ボール奪取がうまい澤穂希に狙わせるというやり方を採用している。サイドで奪えたとしてもゴールまでの距離が長く、日本人の切り替えの速さを生かすには中央で奪った方がいい、と考えているからだ。2011年6月〜7月の女子ワールドカップでは、見事にそれがはまった。

だが、筑波では、こういうサイドに追い込むとか、中央に追い込むといった組織的な守備の指示を一切していない。いったい風間監督は「守備」をどう考えているのか?

風間監督はこの〝愚問〟を、バッサリと切り捨てた。

「サイドに追い込もうが、中央に追い込もうが、結局は相手のミスを待つという発想だよな? そういうやり方だと、基本的に相手がミスをしてくれない限り、ボールを奪えないんだよ」

「じゃあ、どうやったらボールを奪えるかというと、敵と味方の位置を見て、コースを切りながら距離を縮めて、相手がパスを出せない体勢になったときに一気に取りに行く。結局、ボールを奪うというのは、個人戦術なんだよ」

風間監督はここで「攻撃も守備も関係ない。サッカーがうまいかが大事なんだ」と言った。

「足元の技術があり、ボールを扱える選手というのは、相手がいつパスを出せて、出せないかというのを見分けることができる。サッカーがうまい選手というのは、ボールを奪うのもうまいんだよ」

「実際、オレはボールを奪うのがものすごくうまかった。『今日はボールが足につかないな』というときは、わざと相手にボールを渡して、奪い返して攻撃していた」

サッカーがうまい選手は、ボールを奪うのもうまい——。この話を聞いて、ぱっと頭に浮かんだのは本田圭佑だった。確かに本田圭佑は守備のとき、すっと足を出してボールを奪取するのが日本代表の中で抜群にうまい。それはきっと、相手のやりたいことが読めるからなのだろう。

そして、なぜか次に頭に浮かんだのが、マラドーナだった。「じゃあ、マラドーナもボールを取るのがうまいんですかね?」と風間監督に訊くと、笑い飛ばされた。

「マラドーナはボールを取られないだろ。取られないんだから、取り返す必要もないじゃんか（笑）」

そう言えば、バルセロナからは、サイドや中央に追い込むといった守備の議論がまったく聞こえてこない。それでも高い位置でボールを奪い返せているのは、「サッカーがうまい選手」がそろっているからなのだろう。

いまさら説明する必要はないが、サッカー界には「攻撃は最大の防御」という言葉がある。筑波もそれを実践しているチームのひとつだろう。筑波の試合を見れば、自分たちがボールを持つことで、相手に攻撃のチャンスを与えない、というサッカーをやろうとしていることが一目でわかる。

だが現実問題として、90分間ずっとボールを持っていることはできない。守備をするシーンが、必ず試合の中で出てくる。

その理想と現実のギャップを、風間監督はどう考えているのか？

風間監督は一刀両断した。

「こっちが攻め込んで、相手をペナルティエリアまで押し込んだらどうなる？　相手の組織はめちゃくちゃになるよな。そうなると、たとえボールを奪っても、すぐに前に出てこれないんだよ。相手の組織を壊しちゃえば、そう簡単にやられることはない」

「それとは逆に、相手を受け入れることを前提に守備をすると、まったくサッカーが変わってしまう。だから、センターバックというのは重要なんだ。センターバックが相手のFWを恐れて、相手を受け入れるようなポジションを取ってしまうと、選手どうしの距離が離れてしまう。センターバックは相手のFWと駆け引きしながら、チームの距離をコントロールしなきゃいけない」

そういえばワールドカップ3次予選のウズベキスタン対日本戦では、吉田麻也が相手を警戒するあまりずるずるとDFラインを下げたために、選手同士の距離が離れてパスが通りづらくなった。今後の課題だろう。

風間監督にとっての「攻撃は最大の防御」は、単に相手にボールを持たせないというだけでなく、たとえ取られても、簡単には攻められない状況を作るということなのだ。ゾーンプレスやマンマークといった「相手を受け入れる」概念とは、一線を画している。

とはいえ、ここ数試合、同じやり方（DFラインにプレスをかけられる）でやられているので、風間監督にこんな質問をぶつけてみた。

「なぜ、相手がDFラインにプレスをかけてくるのに、それに対応する練習をしないんですか？」

風間監督は、極めて論理的に答えた。

「相手が来たら、ここに人が動いて、こう蹴れ、と指示することはできる。だが、そうやった瞬間、選手から判断が奪われるんだ。指導者というのは、選手の判断の選択肢をいかに増やしてあげられるかが仕事だと思っている」

「ひとつ言っているのは、自分の中で『プレーの保証』を作れということ。たとえば、うまい選手というのは、プレスをかけられても、いつだってクリアできると思ってプレーしている。本当に取られそうになったら、クリアすればいいやという感じで。それがプレーの保証になる。けれど、最初から考えずにクリアしてしまったら、先はない」

「選手の選択肢というのは、どんなにいい選手でも、多くて3つだ。パス、ドリブル、それともうひとつくらい。ただ、選択肢を1から、2や3にできるかで大きな違いが生まれる」

元日本代表の天才ドリブラーと1対1の勝負

（2011年12月20日）

情けない。ああ、情けない。軽い腰痛になってしまった。

今、腰にじんわりとした鈍い痛みを感じながら、このメルマガを書いている。背筋を伸ばしているとそれほど気にならないのだが、ちょっと油断して背中を丸めると、腰の奥の方がズキッとするのだ。

そもそもの原因は、数日前、元日本代表の〝天才ドリブラー〟とピッチで、1対1で向き合ったことだった。前回のメルマガでも少し触れたように、先週、筑波大学の風間八宏監督に「天才の作り方」というテーマでインタビューした。その取材中、風間さんが「ボールを自分より後ろに置いたドリブルができる」という話をしていた。

ボールが体より前にあれば、相手も取るチャンスはある。だが、体より後ろにあったら？　もしそんなことができたら、ボールを奪うのはほとんど不可能になるだろう。だが、風間さんは小学生のときにそれを〝発明〟したというのだ。

その取材後、筑波大学蹴球部の練習があるということで、風間さんとともに研究室（当時、風間さんは筑波大学の准教授だった！）からグラウンドに移動した。すると18歳で日本代表に入ったMFはこう言ったのだ。

「おい木崎、ちょっとピッチに降りろ。ドリブルを見せてやるから」

風間さんはウォーミングアップ代わりに、ジダンのマルセイユルーレットのような動きをクルクルと繰返した。ときおり壁に向かって、小気味良くインサイドキックでボールを打ちつける。動きが円を描くようにスムーズだ。

いよいよボールを持った風間さんがこちらの前に立ち、向かい合う。こんなシロウトが元代表と向き合っているのが、何だかおかしかった。すると次の瞬間、スッと風間さんの重心が少しだけ下がったかと思うと、こちらの目の前で半身になり、ヒールキックでボールを前方に送り出し、一気に抜き去られた。

まるでネイマールのようなトリッキーな動きだった。

「日本代表の試合でさ、GKをこの技で抜いてゴールをアシストしたことがあったんだよ。確か20歳くらいのときだったんだけど、森（孝慈）監督に向かって、オレを使えよって感じで（笑）」

その次は（風間さんから見て）左に抜くと見せかけ、右足を軟体動物のように曲げてボールをひっかけ、右に行くという技で抜かれた。エラシコの変形版だ。また、こっちがボールを取ろうとして足を出したら、トトンとボールを少し浮かされて流れるようにかわされた。

そして極めつけは、「自分よりボールを後ろに置いたドリブル」だ。

ドリブルでこちらに向かって突っ込んできたかと思ったら、目の前で急ストップ。右足が体よりも後方にあり、その右足でボールを持っている。ボールが見えない！　すると次の瞬間、右足の外側で押し出すようにコントロールし、再び急加速して抜き去られた。

「これを日本代表に初めて選ばれたときに試合でやったら、当時監督だった川淵三郎さんが驚きながら『オマエ、どこでそれを習った?』って。世界でもできる選手はほとんどいないと思う」

このとき驚いたのは、ボールが風間さんの後ろにあり、何もできないと感じてふと顔を上げると、風間さんが両目を大きく見開いて、こちらの顔を凝視していたことだ。ギョロリとした目と合ったとき、ヘビににらまれたカエルのような気持ちになった。何をしようとしているかを、完全に視線から読まれていたのだ。情けないことに、この「自分よりボールを後ろに置いたドリブル」を受けたとき、腰に激痛が走った。指一本触れられていないのに、後ろに突き飛ばされて、さらに前に引っ張られるような感覚があったのだ。勝手にこちらが反応して、揺さぶられて、自爆してしまった……。

腰に指を当てて立ち尽くすこちらをよそに、天才ドリブラーは再びボールとともにクルクルとまわり始めた。何だか小学生時代の風間さんを見ているような気分になった。

風間ノートに書かれていたこと（2011年12月20日）

先日、フジテレビの『すぽると！』を見終わり、ベッドの中でノートパソコンを開き、サッカー情報をチェックしていたときのことだ。突然、携帯が鳴った。すでに時計の針は深夜1時を回っている。いったい誰だろう?

表示を見たら、風間さんだった。

「今からちょっと出てこれるか？」

「え〜！　今からですか⁉　うちからだと40分くらいかかるんですが、それでもいいですか？」

「おお、いいよ、いいよ」

「じゃあ、すぐに向かいます！」

正直、あまりの無茶振りに「もっと早く言ってくれよ〜」と戸惑った部分もあったが、風間さんは世界でも稀有な理論と目を持っている指導者だ（と個人的に確信している）。こんなチャンスを逃したら、スポーツライターをやる資格はない。すぐに着替えて、タクシーに飛び乗った。

午前2時、都内某所――。バーのカウンターで風間さんと並んで座ると、予想通り、期待通り、サッカーの熱い〝講義〟が始まった。1対1の個人レクチャー。これほど贅沢なことはない。その前日に行われたインカレ1回戦の筑波大学対中京大学のこと、バルセロナ対サントスのクラブワールドカップ決勝のこと、そしてこれからどういう練習に取り組んでいくかということを次々に語ってくれた。

「実はな、アイデアを書きとめているノートがあるんだよ」

そう言うと、風間さんはカバンから手帳を取り出した。初めて見る、完全にプライベートなものだ。今、筑波大学のチームに何ができて、何ができていないのか。細かく箇条書きにされ、横に短いコメントがつけられている。

まだできていないところの欄には、「選手の立ち位置」と書かれていた。

「言い換えれば、『どうやって視野を作るか』ということだな。サッカーっていうのは、体の角度を半歩変えるだけで、見えるものがまったく違ってくるんだよ。たとえば、横にいるチームメイトにボールをもらいに行こうとしたとき、その選手に体を完全に向けてしまったら、かなり視野が限定されるよな。けれど、体を相手のゴールに向けるようにして半身になりながら近づいてボールを受けたら、ピッチの横幅をすべて見渡せる。そうすると選択肢が全然違ってくる」

風間さんによれば、日本代表の中でこういうもらい方が意識できているのは遠藤保仁だという。地味な技術だが、それが大きな違いをもたらすのだ。

時間が経つにつれて、さらにテーマは深いものになっていった。たとえば「前を向くターンの技術」について。

「よく相手を背負ってボールを受けて、前を向くプレーが重要と言われるけど、当然、このターンにも技術がある。大きく分けると、相手からすっと距離を取ってからしかターンできない選手と、その場でターンできる選手がいるんだ」

「相手からすっと距離を取ってからしかターンできないというのは、ボールを取られるのが怖いからだ。ボールを相手から遠ざければ、取られる可能性は減る。だが、遠ざける分、ロスが生まれるんだ。一方、その場でターンできれば攻撃が速くなる」

「ブンデスの中継の解説でもよく言っているんだけど、まだまだ香川真司は距離を取ってからターンをしている。そこが課題。まだロスがある。ただ、最近その動きを意識しているのか、その場でターンできるシーンが増えてきたよな」

「一方、シャビやメッシはその場でいとも簡単に前を向く。手で扱うかのようにトラップできるからだ」

深夜2時から朝5時まで——。ときにはコップを選手に見立て、最高の〝講義〟はあっという間に終わった。

いつでも、どこでも動けるフットワークの軽さ。ちょっと睡眠時間は減ってしまったけれど、その大切さをあらためて感じた夜……いや朝だった。

目線で騙してボールを奪う技術

（2012年1月10日）

「視線の技術」について、風間八宏さんからまたおもしろい話を聞くことができたので、紹介したいと思う。風間さんは子供の頃から、ものすごくボールを奪うのがうまかった、ということは、このメルマガでも何度か触れてきた。風間さんいわく「ボールを扱うのがうまい選手は、奪うのもうまい」。どういう体勢のときにパスを出せて、どういうときにパスを出せないかがわかるので、取りに行くタイミングがわかる、と。

ただ、そういうタイミングを計る〝観察力〟というのはあくまで予測の技術で、それだけでボールを奪えるものかなぁと疑問に思う部分があった。

だが、よく話を聞いてみると、やはり能動的な技術も存在していた。それが「目で騙す」という技術だ。

風間さんはボールを取りに行くとき、わざと視線をどこかの方向に偏らせるという。視線をある方向に向けておき、相手に「あいつ、あそこのスペースが見えてないな」と思わせるのだ。

だが、それは〝フェイク〟で、実際には間接視野でしっかりと捉えている。たとえば左にいる選手ばかり気にしているようなフリをして、右に出させる……といった感じで。

風間さんはこれを「わざと自分のうしろを空ける」と表現する。

目線で騙す技術――。あらためて優れた選手というのは、イタズラっ子の資質が必要だと思った。

守備で知っておくべきプレッシングのコツ（2012年1月24日）

サッカーは攻撃においても、守備においても、〝半歩〟のポジショニングの差が違いをもたらす――ということは今さら説明するまでもないだろう。ただし、じゃあどんな〝半歩〟が有効かということについては、「とにかく大事」ということが強調されるばかりで、あまり具体的に説明されていないように思う。

どんな〝半歩〟が大事なのかを、いかにわかりやすい形で言葉にできるかは、監督にとってとても大切な能力だ。

先週、Numberの取材で、風間八宏監督率いる筑波大学に行ったときのことだ。インタビューをする前に、練習を見学させてもらった。「ピッチの中に入っていいぞ」ということで、選手たちのすぐそばで、風間監督の指示を聞くことができた。

4年生がサッカー部を卒業し、今年から筑波大学は3‐4‐3の布陣を採用している。中盤の4人はダイヤモンド型に並び、まさに最近バルセロナが採用している3‐4‐3と同じやり方だ。風間監督によれば「試合を8割支配することを考えたら、こういう並びになった」。DFラインの両サイドを専属でカバーするサイドバックがおらず、とても強気なシステムである。

選手たちにとっても新たな挑戦であり、風間監督の指示も「いかに攻撃のためにボールを奪うという発想を持つか」という基本的なものが多くなった。

選手を集めて、風間監督は「ボールを奪うときにやっておくべきこと」を伝えた。

「相手がパスを出して、ボールが地面を転がっているときというのは、ボールは誰のものでもないよな？

パスの受け手との距離を縮めながら、そのときにまわりの状況を首を振って見ておいて、『ボールを奪ったらどう攻めるか』を考えるんだ」

攻撃のときにパスを受ける前にまわりを見るのと同じように、守備のときはボールを奪いに行くときに周囲の状況を頭に入れておけということだ。チームの全員が理解しているとは限らず、こういう基礎を具体的な言葉で共有することはとても大切だろう。

次に風間監督が伝えたのは、プレスをかけるときのポジショニングだった。たとえば前線でボールを奪われて、中盤の選手が戻りながら相手をチェックしに行くような場面だとしよう。このとき中盤の選手はどう動けばいいのか？

「中盤の選手は、いきなり相手の懐に飛び来むような動きをしてもいいが、もしかわされたら一発で崩されてしまう。まっすぐに相手のところに行くのではなく、パスコースを遮るようにしてポジションを取った方がいい。真横に行くのではなく、斜め後ろに戻るような感覚だ。こうすればＦＷが戻る時間を作れて、そこから奪いに行ける」

練習後にこの話を振ると、風間監督はシュートブロックの話を例に出した。

「これはシュートブロックの要領と同じだ。相手がシュートを打とうとしたとき、自分の足をボールがあるところに出したのでは間に合わない。でも、シュートが飛んで来るコースに、足を出せば間に合う。前に足を出すのではなく、横に足を出す。簡単な話だ」

サイドバック（サイドハーフ）がいない３-４-３をやるのは簡単ではないだろう。だが、こうやってボールを奪う基礎を丁寧に共有していけば、去年よりもさらに魅力的なサッカーになるのではないかと期待している。

あまりに高度で雑誌ではカットしたシャビの〝気づかせる〟パス

（2012年2月21日）

先日発売されたNumber〈バルサはなぜ、史上最強なのか。〉では、リオネル・メッシのプレーを分析する記事とともに、「バルサの『常識』はサッカーの『非常識』」という原稿を担当させてもらった。2つ合わせて計8ページ。なかなかの分量である。

プレーのディティールを〝言語化〟するという企画で、「ちょっとマニアックかなぁ……」と不安に思う部分もあったのだが、身近な人たちからは「バルサを見るポイントがわかった」といった感想を頂いた。方向性は間違ってなかったかな、と手応えを得ている。

ただし、そんな難しいことを承知で書いた原稿においても、「ちょっとこれは……」と躊躇してカットしたプレーがあった。国王杯の準々決勝第1レグ、レアル・マドリー対バルセロナ（1対2）の前半29分で見せたシャビのパスだ。

かなりわかりづらいと思うが、それを〝言語化〟することに、今回のメルマガでは挑戦してみたいと思う。

このプレーを分析してくれたのは、風間八宏さん。風間さんは鋭い観察力で、何気ないシャビのパスに深い意図が隠されていることを見抜いた。

前半29分——。イニエスタが左サイドのライン際から中央に切れ込もうとするドリブルから、このシーンが始まる。

イニエスタはペナルティボックスの左角まで行くことはできたものの、マークが厳しいと判断したのか、無理はせず、やや後方にいたシャビにバックパスした。イニエスタが相手を引きつけたことで、シャビは前を向いてボールを止めることができた。

この瞬間、バルサの前線の選手たちが、一斉にアクションを起こした。

特に反応が速かったのが、中央にいたアレクシス・サンチェス。ペナルティエリアの内側に指を向けて、シャビに「ここだ！」と示しながら、ＤＦラインの裏に走り込もうとした。

もしシャビが平凡なＭＦにすぎなかったら、サンチェスの要求どおり、ＤＦラインの裏に向かってスルーパスを出していただろう。

だが、シャビの〝目〟は、まったく違う世界を見ていた。

このときサンチェスをマークしていたレアルのＤＦは、セルヒオ・ラモスとコエントラン。サンチェスの動きをしっかりと捉えて、ＤＦラインの裏をカバーしようと、後ろに向かって走る動作を始めていた。

シャビは、この相手の体重移動を見逃さなかった。裏には出さず、サンチェスに対して「止まれ！」というメッセージを込めるかのように、かかと付近に強烈なグラウンダーのパスを出したのである。

サンチェスからしたら前に抜け出そうとしたのに、後ろにパスが来たので、一瞬つんのめったような姿勢になった。だが、すぐに体勢を立て直して、その場に立ち止まり、ダイレクトでイニエスタにボールを落とした。一方、セルヒオ・ラモスとコエントランは前のめりになってしまい、逆をつかれてパスにまったく反応できなかった。

サンチェスの落としから、イニエスタがシュートし、結局ボールはゴールマウスを外れたが、完全に相手を翻弄したシーンだった。

もう1度このプレーを、まとめておこう。シャビはチームメイトの要求どおりに裏に出すのではなく、むしろ後ろにスペースがあることを〝気がつかせる〟ようにパスを出した。

風間さんはこれを「チームメイトに気がつかせるパス」と呼ぶ。

「サンチェスは、違うところ（DFラインの裏）でもらおうとしている。でも、シャビはサンチェスに『もっといい場所があるぞ』と教えているんだ」

「もしDFラインの裏にパスを出していたら、相手にカットされていたと思う。コースを塞がれていたから。でも、シャビは相手の動きを見ているから、他のやり方を思いつくことができる」

「原点には何があるかって言うと〝相手を見ている〟っていうこと。味方だけを見てパスをしていたら、相手のDFから捕まえられちゃっている」

「敵を見ているからこそ、ボールとチームメイトの〝待ち合わせ〟もできるし、片方がわからなくても、もう片方がそれをわからせてやることができる。そういうことを連続でやるのがバルサ」

「一般的な日本の人たちが言っているサッカーっていうのは、守備者が攻撃者を見ているっていう感覚でしょう？　でもこれは、守備者が見られちゃっているわけ」

シャビのレベルになると、チームメイトが気がついていなくても、パスによって〝どこに動くべきか〟を気がつかせることができる――。こんな発想があること自体が奇跡的だし、一方でこれを見抜く目を持つ風間さんも普通じゃない。今後もこのあたりのことまで踏み込んで書ければいいなぁと思っている。

取材後記

自分にとってメルマガというのは、原稿でありながら、それと同時に日記に近いものだった。日常に起こったことや、気がついたこと、考えさせられたことを忘れないために、記憶がフレッシュなうちに記録するという感じで。

風間さんにインタビューしているときは録音しているから、あとでいくらでも正確に文字にすることができるのだが、食事をしているときや車での移動中はそうはいかない。

風間さんの言葉は独特なので、あとで記憶から再現するのがすごく難しい。だから記憶に残っているうちにどんどん文字に起こしていく必要がある。その作業に、メルマガの執筆が最適だった。

気がつけば、ほぼ毎回、風間さんについての原稿を書いていた。まあよくもこれだけ、取材や話に付き合ってくれたと感謝している。特にいっしょに試合の中継を見ながら、すぐ横で解説を聞かせてもらった時間は、贅沢で濃密な〝講義〟だった。

もしかしたら、この章は技術や戦術に関してかなり細かいところまで入り込もうとしているので、わかりづらいところが多かったかもしれない。

だが、何としても風間さんという〝天才〟に触れた時間を本に記録したいと思い、メルマガを掲載するというわがままを編集者に認めてもらった。

筑波で過ごした時間をスポーツライターとして無駄にしないためにも、風間監督の規格外の発想に置いていかれないためにも、もっともっと精力的に取材をして、サッカーについての知見を深めていきたい。

第**10**章
の
ココがポイント

Kazama's Selection

◎シュートのとき、前に相手がいたら、相手の足でボールを隠してGKから見えないようにして打てばいい。

◎足元の技術があり、ボールを扱える選手というのは、相手がいつパスを出せて、出せないかというのを見分けることができる。

◎優れたパッサーは味方に対して、「ここに動けば受けられるぞ」という〝気づかせるパス〟を出せる

風間流サッカー観戦術④

選手がボールを持ったときの選択肢を3つか4つ想像する

すでに風間さんの予測能力が突出していることは観戦術②「ボールが動いている間に、ゴール前を見ておく」(p.100)のところで触れたが、もちろん他にも予測するためのポイントがたくさんある。

そのひとつが、「選手がボールを持ったときの選択肢を想像する」ことだ。

「自分は現役のとき、中盤で試合の流れを読む役目だったので、相手がどんなプレーをしてくるかを常に予測しようとしていた。そのためには選手がボールを持ったとき、どんなプレーをする傾向にあるのか、頭に入れておくことが大事。だいたい3つか4つを意識しておく。たとえば、この選手はワンタッチでプレーすることが多いとか、サイドチェンジのような長いパスはほとんどないとか。そうすると、次に何をするか、だいたい予測できるようになる」

さらに風間さんは続けた。

「もっと踏み込んで言えば、選手1人ひとりの性格まで見る。イライラしやすいとか、安全にプレーしすぎる傾向があるとか。そういう人間観察を、現役のときからやっていた。サッカーにおいて、すごく大事なこと」

より高いレベルの観戦者になるためには、サッカーそのものの知識だけでなく、心理学という視点も必要になってくるのだ。

革命へのステップV

叩きのめす

第11章　革命前夜

第12章　革命の始まり

Chapter.11 Introduction

まさかこんなことになるとは想像していなかった。

「日本サッカーの常識を覆してほしい」

そんな企画でインタビューをさせてもらったのは、風間八宏さんが川崎フロンターレからオファーの電話を受けるわずか3日前のことだった。つまり、風間さん自身もインタビューのときは、自分の身に劇的な変化が起こることを知らなかったのだ。

今あらためてそのインタビューの内容を読み返すと、まったく意図していないことながら、風間監督がフロンターレで実行することの“宣言文”になっていたように思う。

風間監督がプロ監督として踏み出した第一歩の記録とともに、その世界観に迫る。

第11章

革命前夜

初出『サッカー批評issue56』（双葉社）掲載　２０１２年５月

Jリーグの〝非常識〟に挑む

古き〝常識〟を壊し、新しき〝非常識〟を作り上げる――。

風間八宏監督が川崎フロンターレで取り組もうとしていることをシンプルに表せば、そうなるのではないだろうか。

4月24日、風間監督は就任会見において、Jリーグにおける〝非常識〟に挑むことを高らかに宣言した。

「自分自身、14年前に指導者になって常識だと思っていたことが、今では少し恥ずかしいと感じることもあります。今あることをそのままやるのではなくて、選手たちにもっと可能性があるのではないかと考えてやりたい。みんながそんなこと無理に決まっているんじゃないということを言ったとしたら、それが逆にヒントになる。じゃあそれを見せてやろうと思うのが、今までの自分の生き方です」

練習初日、すぐにピッチはJリーグの常識を覆す〝風間語録〟に包み込まれた。

7人対4人のボールまわしのメニューのとき、風間監督が叫んだ。

「強いパスを、足元に出せ！」

日本サッカーの戦術論においては、足元へのパスというと、選手の動きが止まって攻撃が停滞するイメージが強いだろう。だが風間監督の考えは違う。足元へのパスこそ〝最速〟だからだ。

風間監督はこう説明する。

「スペースにパスを出したときを想像してください。人が追いつけるように、どうしてもパススピードを走る速さより遅くしなければいけないですよね？　でも、足元ならトラップさえできれば、理論的にはいくらでもパスを速くできる。すなわちサッカーが速くなる」

ボールを受ける動きに関しても、独特の方法論を持つ。ミニゲームでは1トップの矢島卓郎にこう指示した。

「もっと敵を見て、相手の背中を取れ！」

言うまでもなく人間の後頭部には目がついていない。味方がパスを出せる状態になった瞬間、背中側にすっと入ることができればフリーでボールを受ける確率が高まるのだ。もしくは前に行く振りをして後ろに下がるなど、相手の重心移動を揺さぶって、その逆を取ってもいい。こういう技術を風間監督は「人を外す動き」と呼んでいる。ありきたりな〝オフザボールの動き〟という表現より、はるかに具体的で実践的である。

守備のやり方も独特だ。全員が背後にいる味方と敵の位置を把握して、「パスコースを切る」ことを徹底するというもの。パスコースをほとんどなくすことができれば、相手からボールを奪うのは簡単だ。一般的な守備理論ではマンツーマンとゾーンの二者択一、もしくはそのミックスが採用されるが、風間監督の守備法はどちらにも属さない。欧州にもこんなやり方を考えついた指導者はいないだろう。

選手たちはなじみのないサッカー観に衝撃を受けながらも、「これを続けていけば絶対にうまくなる」と大きな手応えを口にしていた。

実はこの就任発表の16日前、まだ風間監督が筑波大学蹴球部を率いているとき、「日本サッカーの常識は本当に正しいのか?」というテーマでインタビューを行っていた。ちょうど関東大学リーグ第1節の試合後（筑波大学は神奈川大学に4対0で勝利）のことだ。

いったい風間監督が挑もうとしている〝非常識〟とは何なのか?　日本サッカーの〝常識〟とどこが違うのか。

手と同じくらいボールを扱えると考えたら発想が変わる

――風間さんは最近、「昔は海外で指導することにも興味があったけど、日本人だけで作る方が強いチームができると考えるようになってきた」と言っていますね。その理由は?

「結局、サッカーはボールゲームということですよね。自分自身も選手のときはそれをわかっていたはずなのに、いつの間にか185センチのCBがいたら強いなとか、10秒フラットで走れるFWがいたらすごいぞと考えるようになっていた。でも、それって本当に球技の常識かな?　と思うようになったんです。ボールをずっと自分たちが持ち続ければ、高さとか強さはほとんど必要のないことですよね。自分たちが主導でやれれば、相手の特徴を出させずに自分たちの特徴を出せる。そのためにはすごく集中力を保ったり、チームとしてやり続けられるかが大事になってくる。そういうことを考えていたら、『日本の選手ならば、そういうサッカーができる』って思えてきたんです」

――日本人は自主性に乏しくサッカーに向いてないんじゃないかという見方もあると思うんですが、むしろ「向いている」と考えているわけですね。

「ボールゲームを突き詰めたら、日本人の方ができるって思えてきたんですよね。特にボールを持ってサッカーをやるっていうのは、繊細で丁寧な作業ですから。そうなるとフィジカルの捉え方も変わってくる。今までフィジカルと言えば、『当たりに強い』とか『足が速い』という類の能力でしたよね。もちろんそれは全部武器になりますが、他にも『やるべきプレーを認識して、イメージしたとおりに体を動かすことができる』というのも重要なフィジカルのひとつになってくると考えています」

――日本人は決してフィジカルが弱くないということですか？

「だって『走る』ことも、日本人選手のフィジカルの武器のひとつですよね？　ドイツ語で言ったら『laufstark』。長友佑都は速さと運動量をともに兼ね備えているし、香川真司は動き続けることができている。本田圭佑もよく動く。みんな走ることが得意。よく走れるっていうことだけでも十分にフィジカルですよね。日本人選手は決してフィジカルが弱いのではなくて、今までは弱い部分で戦おうとしていただけなんじゃないかっていうふうに思います」

――日本には屈強な大型ＦＷがいないからパスをつなごうという発想とも、また違うんでしょうか。

「ひとつのポジションがどうっていうことじゃない。ベースの発想として、ボールを圧倒的に取られないっていうことをやる。今の日本のサッカーの現状だったら、『それは無理でしょ』と言われるかもしれない。でも『無理』と考えたら、すべて終わってしまいますよね。10年前に、誰が今のバルサを想像できたか。どんな試合でも60～70％のポゼッションをするチームが出てくるなんて誰も思わなかったはず。足でやるスポーツだから……と考えて。けれど手と同じくらい（ボールを）扱えると考えたら、発想が変わってくる。他のチームが〝足〟で考えるなか、〝手〟でやれる技術を身につけられれば、ほとんどのチームを征服できると思う。サッカー界の傾向として、ボールを持っていない方が主導権を握るという考えが強まりすぎたのではないでしょうか。実はそうではない。球技はボールを持っている者の意志で動くスポーツですよね。ちょっと前まで、『サッカーは足でやるからミスが多い。ミスゲームだ』と言って、ボールを持っていないチームの守備のやり方ばかりがクローズアップされてきた。今はそうじゃないということに、みんなが気がつき始めているんじゃないかと思います」

みんなでやるのではなくて、1人ひとりでやるのがサッカー

――日本でもそういうことに気づき始めて、Jリーグで攻撃的なサッカーを志向する監督が増えてきたと思います。ただ、やはり現実の壁にぶつかって、リスクを考慮して守備的なサッカーに切り替える例が多いです。

「そこで重要なのは、信念だと思います。今年の筑波大学では3バック（布陣は3－4－3）にしているため、『サイドを狙われませんか？』とよく訊かれたけれど、それは選手をマグネットに見立ててホワイトボードの上に並べたときの話ですから。そういう機会は何回あるんでしょう？　自分たちがボールをキープしてゴールに迫ることができていれば、弱点をつかれるシーンが1試合で2、3回しかないと思う。それをリスクとは考えない。それよりも、もっとしっかりボールを持って2回を1回に、1回を0回にしようということに力を注ぎたい。仮に点を取れず0対3で負けたとしましょう。そのときに相手を受け入れるサッカーに

切り替えたら、全部相手の個人の力が生きることになるし、向こうの戦略が生きることになる。自分たちが曲げてしまえば、相手主導になってしまう。『勇気を持つ』『信念を持ってやり続ける』ということに対して、本当に強い意志を持たないといけない。自分たちが1対0で勝ちたいチームなのか、3対0もしくは5対0で勝ちたいチームなのか。5対0で勝つことを望むのであれば、絶対に曲げちゃだめだし、望むことに対してもっと貪欲になっていい。やめてしまえば何も起こらないし、やり続ければ起こる。バルサの話ばかりするのは好きじゃないけれど、結局バルサはそうなんですよね。タイトルを勝ち取れない時期もあったけれど、彼らはやめなかった。その先に何があるのかが明確になっていれば、やり続けることはそう難しくない。それをどう持てるか。その望み方が問われていると思います」

——風間さんは現役時代にゲームメイカーとして活躍されて、自分自身の経験から「ボールを持ってサッカーができる」という確信があると思うんですが、一般的にはまだまだ「サッカーはミスが前提」という印象が強いと思います。そのあたりの意識のギャップはどう感じていますか？

「突き詰めれば、どんな選手がいいサッカープレイヤーなのかということですよね。自分にとっていい選手っていうのは、1人でもボールを取られない、1人でもボールを取れる、っていう選手なんですよ。それにさらにプラスαがあるかどうか。当然11人いたら、『取られない・取る』の能力の高さには差がある中で、自然と最もうまい選手のところにボールを集めた方がいいなってみんなが考えて、他の選手はハードワークをしたり、ミスをしないでうまい選手につなごうとするのがチームというもの。バルサだって、根本はそこです。メッシがいて、それにシャビとイニエスタがついていって、まわりがこの3人に武器を発揮させようとする。技術があってボールを取られない選手は、どういう姿勢のときにパスを出せるか、出せないかといったことがわかるから、相手からボールを奪うのもうまい。つまり、すべてのスタートは個人の技術ということ。この基本的な力をそろえないでサッカーをやろうとするから、難しくなるんです」

――いつからか順序が違ってきて、本質から離れてしまったのかもしれません。

「そう思いますよね。昔は11対11じゃなくて、1対1で全員が勝てばいいという当たり前がわかっていた。『1対1は勝つもの』と考えるか、『1対1は負けるもの』って考えるかで全然違う。いつの間にか常識が変わってしまった。守備のときにフリーな選手を作ったらまずいし、攻撃のときはフリーになるべき。ただ、やっぱり1対1で勝つか負けるかは避けて通れない。皆でやるのではなくて、1人ひとりでやるのがサッカー。それを下地にして、いろんなことを与えていくのがチームプレー。順番を間違ってはいけない」

――日本サッカーも何とか前に進もうと、「考えて動くサッカー」といった標語が出た時期もありました。ただ、まだ具体性に欠けた部分もある。どうすればいいと思いますか？

「ビジョンを作ることですよね。ビジョンがあれば、どう動くのか、なぜ動くんだっていうことが言えるようになる。とにかく動きなさいっていうのでは、見えてこないですよね。たとえば相手が違えば、同じ動きでもマイナスになる動きだってある。相手がボールを持ったときのビジョンが明確になっていて、相手がボールを持った途端に生き生きするチームはたくさんあるでしょう。でも（そういうチームは）ほとんどの場合、自分たちがボールを持つと、途端に（勢いが）止まってしまう。守備というのは対象がいるのですごく考えやすいけれども、攻撃っていうのは創作力が必要になってくる。日本のチームの場合、相手と対峙したり、相手に対して何か反応することには抵抗はないんだけども、逆に相手を自ら崩していくというのはちょっと苦手ですよね。そのためには、はっきりしたものを持たないといけない。ボールが相手にあるときには答えを持っているけれど、自分たちにボールがあると答えがなかなか見つからない。まあ、これは日本だけの問題ではなく、世界中がもがいているところですが」

相手を自由に操るために必要な3つの技術と目

――その方法論に気がついたチームが抜け出しているんでしょうか。

「そうですね。加えて言えば、フォーメーションの概念についても考え直すべきだと思います。攻撃側がとことん相手を崩したら、守る方は自分たちのフォーメーションなんてもう成り立ってない。そういう意味で『自分たちがボールを持ってサッカーする』っていうのは、相手のフォーメーションを壊すっていうことでもあるんですよね。壊せれば、相手がどんな武器を持っていようがカウンターなんてそんなに食らわないわけで。崩しきれないから、脅威になるカウンターを食らうことになる。そこをリスクと考えてしまい、やられた後の穴埋めをしようとすると、まったく発想が変わってしまう。攻撃の発想っていうのをしっかり持たなければ、面白いサッカーにはならないし、勝てるサッカーにはならないと思う」

――風間さんの口からは言いづらいかもしれませんが、風間さんがやろうとしているサッカーはまさに方法論のひとつになるんじゃないでしょうか。

「日本の選手っていうのは、頭が良く、俊敏性があります。攻撃側に常に主導権があるっていうこと、常に自分の意志でやればいいんだよっていうことを教えれば絶対にプレーの発想が変わる。ボールを自由に扱う技術、敵を認識する目、体をイメージ通りに動かす技術、その3つがあると相手を自由に操れる」

――風間さんのサッカーは、あまりサイド攻撃をしないという見方もありますが、それについては？

「別にサイド攻撃を否定しているわけではありません。ただ、中央を崩せないからサイドに逃げるというのではダメだと思っています。攻撃はサイドからするものだ、と考えてしまったら、なかなか攻撃のビジョンはできない。単純なクロスだと、力の勝負になってしまう。あと言いたいのは、『サイドはどこにでもあるんだよ』ということ。ペナルティエリアの中にも、サイドがありますよね？　マンU、ドルトムント、バルサ、レアルは、当然サイドからクロスを入れることもあるけれども、ほとんどがペナルティエリアの中から出してます」

ボールを持ったサッカーをやればすべてを掌握できる

――話が少し変わりますが、日本サッカーの常識が変わるには、観戦する側の目も変わらないといけないと思います。いいチームというのは、どこを見れば判別できるでしょうか？

「さきほども少し触れましたけど、ボールを持ったときにチームが生き生きするかどうか。そういうチームは怖いし、うまいなって思います」

――風間さんは相手の重心移動の逆をついたり、相手の視野から外れて背後を取ることを「人を外す」と表現しています。試合のどこを見れば、人を外していることがわかりやすいですか？

「一番わかりやすいのは、何回もボールを受けている選手を見ること。その選手は外すのがうまいと考えていいと思います。さらに『なんであの選手はパスを何度も受けられるのかな？』っていうふうに見ると、外していることがわかる」

――なるほど、ボールを受ける回数がサインになるわけですね。

「ドルトムントの香川真司は、結構うまく人を外していますよね。動くことと、動かないことをうまく使っている。『動かない』っていうと誤解を受けてしまうかもしれないけれど、『相手が動いているときは動かなくていい』ということ。向こうが離れていっているのに、自分がついて行く必要はない。逆に相手がくっついてきたら、動いて外す。だから本当にうまくもらえる選手は、マンマークにつかれても、ボールをもらうときに全部相手の逆を取ってしまうので、それを気がつかせないくらいフリーになってもらえるんですよ。筑波大学で言ったら、3バックの前にいる谷口彰悟がそう。ただ相手を突破するっていうんじゃなくて、『ボールをこうやって奪おう』という相手の狙いを外すことができる。それができると、サッカーは楽になるし、おもしろくなる」

——そういうサッカーがピッチで表現されたら、観る方にとってもたまらないですね。

「ひとつずつ解きほぐしていくと、すべては基本なんですよね。止める、蹴る、外す。サッカーというのは、その基本をいかに高いレベルで簡単にできるようになるかどうか。選手によく言うんですが、『お前たちはサッカーをミスゲームだって言ってもいい。ただ、忘れてはいけないのは、ミスをするかはすべて自分たちの手にかかっているということ。相手はこっちのミスにつけ込むことはできるが、ミスを発生させることはできないんだ』と。つまり、すべて自分次第ということ。ボールを持ったサッカーをやれば、勝負の行方をすべて自分の手で握ることができるんです」

日本サッカーに新しい価値観をもたらす挑戦

川崎の監督に就任したことにより、風間は2008年から指揮した筑波大学を離れることになった。だが、その哲学は着実に選手たちに継承されている。その代表格が、昨年ユニバーシアード優勝に貢献した赤崎秀平、谷口（ともに現3年）、瀬沼優司（現4年）、八反田康平（２０１２年3月に卒業して清水エスパルスに加入）だ。彼らが経た道を辿れば、より風間監督の〝非常識〟のエッセンスが浮かび上がるだろう。

ＦＷの赤崎は佐賀東高校3年生のときに浦和レッズからも誘いがあったが、練習参加した筑波大学で風間監督の指導に衝撃を受けて進学を選んだ。

赤崎は懐かしそうに当時を振り返った。

「要求されることが普通の指導者、監督とは全然違うなと、一番初めに感じました。僕はFWなんで、相手の裏に抜けたり、シュートを打ったり、そういうシーンごとに動きを止められて、『しっかり相手を見て逆を取るように』と言われました。何となく感覚でやっていたことを、より具体的に説明されたんです」

数センチ単位のトラップが要求されると同時に、相手まで見なければならず、最初はパニックになったという。

「一杯いっぱいでしたね（笑）。高校までは、自分のなかでやりたいことがあって、それをやっていてたまたま（相手を）抜けたという感じだった。でもそれだと、はまらないとうまくいかない。風間さんは自分のやりたいことがあっても、相手の状況でそれを変更しろと。Aをやろうと思っていても、もしそれよりもBが良かったらBをしなさいと。決定と変更の繰り返しだと言われました」

赤崎は試行錯誤しながら〝非常識〟に取り組み、大学1年生のときに関東大学リーグの得点王に輝き、新しい感覚をものにした。

「慶応大学との試合で、人を外すのはこういう感覚かって初めてわかったんですよ。ボールを持っている味方を見るのではなく、相手を見て逆を取るというか。相手の背中の方に動いたら、より脅威になるという感覚を得られた。やっていてすごい楽なんですよ。（一見スペースがないようでも）まわりにスペースができるので。相手を外したときの風景は、本当に気持ちいいですよ」

また、谷口は1年生のときにMFからCBにコンバートされて新しいサッカーに慣れ、2年生からは本職のボランチに戻って、すでにJリーグの複数のチームから注目される存在になっている。風間監督も「将来、ビエラのようなタイプのボランチになれる」と期待しているタレントだ。

谷口は自らの苦労をこう語る。

「足元の技術を一からやり直して、それを習慣化していくということは、最初は苦しかったですね。ただ、それを習得すれば絶対にプレーの幅が広がると思っていました。2年の夏休みくらいから、感覚をつかめてきて、自信が出てくるとボールを蹴るときも、多少相手が来ても取られないと思えるようになりました」

筑波大学に入ってから、最も変わったのはどこにパスを出すかのイメージだったという。

「一番自分の中で変わったと思うのが、相手がパスの受け手をマークしているように見えても、受け手が人を外していたら、そこにどんどんパスを当てていいということ。ボールをしっかり止められて、持てる選手がいれば、怖がらずにどんどん出していいんだと。マークされているようで、実はマークされていないという状態がわかった。少しでも隙間が空いてれば、マークされていないに等しいんです」

相手が近くにいるだけで「パスを出せない」という感覚になってしまうと、スペースができやすいサイドに〝逃げる〟ことが習慣になってしまう。だが、それが思い込みにすぎないことに気がつければ、どんどん中央から攻めることが可能になるのだ。日本サッカー界きっての〝非常識〟という武器を身につけた2人は、これからは自分たちの力でさらに上のステージに進んで行くに違いない。

インタビューの最後を、風間監督はこう締めくくった。

「ヨーロッパや南米がどうこうじゃなくて、これからは日本が自分たちのものを作り上げていけばいい。それだけの選手がそろっている。日本だけがわかる価値を突き詰めていけば、自然にJリーグの価値も出てくるし、それが世界で一番になるチームにつながってくると思います」

勝負の世界に絶対はない。だが、風間監督率いる川崎は、必ずJリーグに新しい価値観をもたらすはずだ。

取材後記

風間さんが川崎フロンターレの監督に就任する可能性がある――。

そんなニュースがスポーツ新聞で報道されたとき、筆者はブンデスリーガを取材するためにドイツに滞在していた。夜中にホテルでノートパソコンを開き、初めて知ったのである。

「ついにこのときが来たか」

興奮が腹の底から突き上げてくるような感覚になって、なかなか眠れなかったのを覚えている。

幸い、ミュンヘンでアポイントを取っていた取材が予定通り終わり、その翌日に飛べば、風間さんのフロンターレの初練習に間に合うことがわかった。格安チケットでドイツに来ているため、帰国便は変更できなかったが、こうなったらもうお金の問題ではない。すぐに成田空港の片道チケットを、インターネットで購入した。その額、約6万円。風間さんの初練習が観られるのなら安いものだ。

4月24日、午前10時。成田空港に到着すると、スーツケースを自宅に送り、そのままフロンターレの練習場に向かった。

フロンターレのチームカラーである水色があしらわれたジャージを着た風間さんが、クラブハウスから出てくる。それが目に飛び込んでくるとなぜか全身に鳥肌が立ち、大げさかもしれないが日本サッカーが変わる瞬間を目撃したような気分になった。

サッカーの世界は簡単には計算が立たず、いろんな要素によって未来がカオスの渦の中に飲み込まれていく。約束された成功などない。対戦相手の力量によっても、結果は大きく左右される。だが、それでも風間さんは必ず何か大きなことを成し遂げると個人的に確信している。

そしてこう書いているそばから、風間理論は進化を続けている。わかったつもりになると、必ず置いていかれる。

第11章のココがポイント
Kazama's Selection

◎いいサッカー選手というのは、1人でもボールを取られない、1人でもボールを取れる人間のこと。

◎ボールが相手にあるときには答えを持っているけれど、自分たちにボールがあると答えがなかなか見つからないチームが増えてしまった。

◎ヨーロッパや南米がどうこうじゃなく、これからは日本が自分たちのものを作り上げていけばいい。

Chapter.12 Introduction

2012年4月、ついに風間八宏さんが川崎フロンターレの監督に就任し、新たな発想のサッカーがJリーグの舞台で表現されるときがきた。

常識を壊し、新たな道を進むとき、そこには必ず批判や抵抗がある。だが、風間さんの人生において、そういう逆風は日常茶飯事なのだ。

風間さんは常々、まわりの若手指導者にこうアドバイスしている。

「家にしがみつく人間になるな」

保身のために、収入を得るために、信念を曲げるような生き方はするなということだ。

解説者としての名声があるため、新人監督とは思えないほどに期待も注目も大きくなるが、風間さんは「ありがたいこと」とまったく意に介さない。

日本指導者界きっての異端児とJリーグのファーストコンタクトは、予想通り、“非常識”に満ちたものになった。

第12章 革命の始まり

初出『サッカー批評issue57』（双葉社）掲載　2012年7月

川崎フロンターレに吹く変革の風

運命の電話は、突然訪れた。

風間八宏は筑波大学での授業を終え、近所で長女のみさきと買い物をしているときだった。ふと携帯電話を見ると、着信があることに気がついた。番号は登録されておらず、誰かはわからない。

風間は何かを悟り、長女にこうつぶやいた。

「もしかしたら監督のオファーかもしれないいな」

勘は的中した。留守電を聞くと、川崎フロンターレの庄子春男GMだったのだ。風間は日本サッカー協会とJリーグで理事を務めていたため、ほとんどのクラブのGMや社長と顔を合わせたことがあり、当然、庄子のことも知っていた。

ただし、この時点ではまだ、風間の気持ちにほとんど変化はなかった。これまで何度かJリーグのクラブからオファーが来たが、そのたびに違和感を覚え、「今はやる気はありません」と断ってきたからである。

風間は残念そうに言った。

「これまでの問い合わせでは、だいたい『監督をやる気ありますか？』っていう聞き方だった。やってほしいではなく、やらせてあげるという感じ。自分じゃなきゃいけない理由が見えないから、そんな質問には答えようがない。だからいつも『他にいい人がいるんじゃないですか？』と答えていたんだ」

だが、庄子GMに電話を折り返すと、風間は驚かされることになる。

今までのアプローチとは、まったく違ったからだ。

「庄子さんからストレートに『監督をやってほしい。可能性はゼロじゃないよね？』と言われた。何がなんでもやってほしいという感じだったので、『え？』って思ったね。当時、自分には大学のサッカー部と授業があったし、フジテレビとの契約もあった。だから『簡単な話じゃないですよ』と返したら、『すぐに話をしに行く』と言って2、3日後に筑波で会うことになった」

場所は、筑波大学の風間の研究室。

そこで庄子から、心を動かす言葉が飛び出した。

「ぜひフロンターレの基盤を作ってほしい。ここにしかない色の攻撃的なサッカーを作り上げてほしい」

育成を含めてクラブの未来像を作り上げてほしいという依頼は、新たな挑戦に値するものだった。

風間は高ぶる気持ちを抑えるように低い声で答えた。

「ちょっと考えましょう」

事実上のイエス。すぐさま風間は大学とフジテレビに連絡を取り、両者が快く送り出してくれたことで、フロンターレの監督就任が決定した。

唯一の心残りは、サッカー部の選手たちを卒業まで見てあげられなかったことだが、送別会では選手たちが色紙いっぱいにメッセージをそえて送り出してくれた。

風間は選手たちの前でスピーチした。

「これからも、全員ファミリーだ。ずっとみんなのことを見ていくつもりだ」

２００３年に指導者のＳ級ライセンスを取得してから約９年――。故郷の清水で小学生から高校生までがいっしょに練習するスペシャルトレーニングを立ち上げ、２００８年からは母校の筑波大学を率いてきた。ＴＶ番組の仕事で、バルセロナをはじめスペインの指導者たちと議論したことも大きな財産になっている。

そのプロセスのすべてに意味があった。

ついに日本サッカーの常識を覆すときがきた。

初日から常識を覆すトレーニングの連続

４月24日、フロンターレでの練習初日――。

選手、スタッフ、職員がクラブハウスに集められ、新監督の就任の挨拶が行われた。

風間は大切にしてほしい心構えを伝えた。

「君たちの成長は、自分の中にある。物や人のせいにしたら、成長は遅れる。とにかく自分から逃げずに、自分に向かってほしい。サッカーを楽しくうまくやることを、とことん追求していこう」

それとは別に、風間はスタッフと職員だけを集めてこんな話もした。

「今からやろうとすることは、そんなに簡単なことじゃない。まずはオレがやろうとしていることを、みんながが見えるようになってほしい。選手が全力で自分に向かえるように、力を貸してくれ」

風間はドイツで計6年、Jリーグで計4年プレーしてきたなかで、自分と向き合えずに逃げてしまう選手を何人も見てきた。

レバークーゼン時代、のちにカリスマ的マネージャーとして大成功するカルムントからかけられた言葉を、風間は今でもよく覚えている。

「プロとは心を削られる職業だ。だから家具にお金をかけなきゃいけない」

初日からすべての選手に、普段の生活にまで踏み込んで話をするのは難しい。けれど、クラブという組織がしっかりすれば、自ずと選手は逃げなくなるだろう。

風間は独特の言葉で指導する部分がクローズアップされることが多いが、実はクラブマネージメントという部分でも多くの蓄積があるのだ。

午後2時、燦々と輝く太陽の下、風間は真新しいジャージに身を包んでピッチに現れた。不思議なことに、違和感がまったくない。すでに数年前からいるかのように、穏やかな表情でたっぷりと水が撒かれた芝生の上に立った。

風間は就任が内定して以降、川崎の試合を映像でチェックしていたが、初練習前に先入観はすべて捨て去っていた。

内と外では、見えるものが異なるからだ。

風間は言う。

「自分の目で見てから、すべてを決めようと思った。要求されるものが変わると、プレーも変わるから。要求をして、それぞれの選手がどれくらいボールを持てるのか、どれくらいまわりを見えるのか、どれくらいの狭さでプレッシャーを感じるのか。そういうことを、自分の目で見たかった」

最初のメニューは、15メートル四方の中に11人（4人対4人＋フリーマン3人）が入ってパスをつなぐという極めて基本的なものだった。すぐ相手が詰め寄ってくるので、キープするのは簡単ではない。最初はほとんどパスがつながらず、慌ただしくボールは2チームの間を行き来した。

だが、風間が声をかけると、すぐに変化が見え始めた。

「相手に隠れない！　パスコースに出てこないと！」

「敵をしっかり見ておけ！」

「パスで終わるな。自分を入れろ！」

さすがは才能を認められてプロになった各地方のエリートたちだ。5分も経たないうちに、小気味よくパスがつながるようになった。

2番目のメニューでは、4人1組がだんご状になって、縦パスをつなぎながら前進し、ゴール前に来たらシュートを打つという〝中央突破〟の練習を行った（パススピードを落とさないまま攻める感覚を養う）。

3番目のメニューではDFを前後左右のステップで揺さぶってから離れ、パスを受けてシュートを打つという練習（人を外す感覚を身につける）。

そして4番目にハーフコートでゲームを行い（「相手の背中が見えたら、逆を取れ！」と指示が飛んだ）、初日の練習が終わった。

風間は、こう振り返る。

「プロの子でも『意外に知らないんだな』ってこともあったけど、『こんなことができるんだ』っていう瞬間の方が多かった。当然、2日目、3日目と日が経つごとに変化が見られた。まだまだ能力が隠れている。大学が『ないものを作る』作業だったのに対し、プロは『持っているものを引き出す』という作業になった。刺激を与えれば、相当変わると確信した」

やるべきことは、はっきりした。

間違った常識を覆せば、劇的な成長が期待できる。

・狭くても、逆を取ればパスを受けられる。
・スペースではなく、足元にパスを出せば、相手と競走する必要がなくなる。
・そのためには、止める・蹴るの基本が大事になる。

突き詰めれば、当たり前のことなのだが、その当たり前にこそ、常識を覆すヒントが隠されているのだ。

2日目の練習では、前日と同じ15メートル四方のパスまわしから始まり、続いてその拡張版の10人対10人+フリーマン2人のパスまわし、センターバックをステップで外してのシュート練習、最後にミニゲームが行われた。

この日は、特に1トップの矢島卓郎に声が飛んだ。

「ヤジ！　ボールじゃなくて、敵を見ろ！」

「動きすぎるな！　味方がパスを出せる瞬間に動き出せ！」

「センターバックに動きで仕掛けろ！」

これまで矢島はサイドにあるスペースに〝逃げる〟傾向があり、たとえパスを受けたとしても、ただクロスを上げて終わりという場面が多かった。しかし、いくら中央にスペースがないように見えても、ちょっとした動きでパスを引き出せるのだ。

身長182センチの矢島はフィジカルが強く、Jリーグでもトップクラスのパワーを持っている。もし人を外すうまさが加われば、これまでにはなかったタイプの日本人ストライカーが誕生するはずだ。

3日目の練習中、風間は矢島を1トップから左MFの位置に移るように指示した。

風間には明確な狙いがあった。

「1トップだと相手のセンターバック2人と戦わなきゃいけないけれど、左MFなら相手の右サイドバックだけを攻略すればいい。少し外からやるべきことを見て、人を外す感覚をつかんでほしかった」

フロンターレの新たなサッカーの片鱗が見えた瞬間

監督就任から5日後、ホームでのサンフレッチェ広島戦がやってきた。まだ4回しか練習をやっておらず、さらに広島は攻撃になると前線に5人が並ぶという変則的なチームだ。普通の感覚で言えば、準備期間の短さを考慮して、相手の良さを潰す戦略に出ても良かったはずだ。

にもかかわらず、風間は微塵たりとも妥協しなかった。

「自分にとって一番は、どんなときでも『迷わない、ぶれない』『逃げない、怖がらない』こと。自分たちをさらけ出すことを恐れず、今の自分たちがどれくらいの力なのか、そこで勝負する。相手に合わせるって考え方は一切ない。広島戦は、それを選手たちに意志表示する試合でもあった」

当然、風間は大の負けず嫌いで、心の底から勝利を望んでいた。だが、そういう勝ち負けとは別の次元のところで、目標をひとつ設定していた。

「1プレーでいいから、自分を表現すると何が起きるかっていうのを見せる。初戦ではそれが最も大切なことだった」

広島戦では変則の5トップにほとんど対応できず、おもしろいようにパスをつながれて4失点で惨敗してしまった。

しかし、風間は確かな手応えを得ていた。

〝自分を表現する〟シーンが、何度も見られたからである。

前半33分、17本ものパスがつながってゴールが決まる。

中央から右サイドにボールが渡り、伊藤宏樹が駆け上がりながら中央にいた中村憲剛へパス。そのまま伊藤が一気にゴール前へ走り込むと、憲剛がスルーパスを合わせ、あとは伊藤が左足で流し込めば良かった。

風間は言う。

「よく日本では『ボールを奪ってから10秒で攻めないといけない』ということが言われる。確かにそれでうまくいくこともあるけれど、そうじゃなくても点は入る。あのゴールが、証明している」

また、前半44分には、スロー再生でもわからないような崩しが生まれた。

右サイドでパスを受けた伊藤が単純にクロスを上げず、斜め前にいた山瀬功治へパス。それを山瀬がスルーし、楠神順平が柔らかいタッチでボールを受けて反転した瞬間、最前列で矢島、右MFの小林悠、左サイドバックの田中雄大（栃木SCへ期限付き移籍）が一気にアクションを起こした。結局、スルーパスを受けた小林のシュートは惜しくもGKに防がれたが、フロンターレの新たなサッカーの片鱗が見えた瞬間だった。

試合後、フロンターレの武田信平社長は、新監督が大敗のショックを受けていないかを心配し、スタッフに様子を見に行かせた。

だが、数々の修羅場をくぐってきた人間が、たかが1敗しただけでガタガタするわけがなかった。風間は試合後のロッカールームで、「今日はここができて、あれがダメだったな。じゃあ明日はこんな練習をするぞ」と、すでに次の日のプランをコーチと話し合っていたのである。

風間ははっきりと言い切った。

「試合で負けても、死ぬわけじゃない。試合で相手の良さを消そうとして、あとで『あのミスで負けた』と分析しても何も残らない。オレたちは目先ではなく、最後に一番強いチームになりたいわけで、たかが1敗で怯えてはいけない。全勝するチームなんていうのは、世界中どこにもない。そこを約束したら、ブレる。オレたちはどう勝つかっていうことを徹底的に追求していけば、負けたって、『次こうすれば、もっと良くなる』ということが見えてくる。そういう基盤を、まずは作りたいんだ」

ゴールデンウィークのため、2戦目となるジュビロ磐田戦は5日後に迫っていた。だが風間にとって、やるべきことは同じである。まずはとにかく基礎を高めなければ、話にならない。

もちろん、すべてがうまくいっていたわけではない。磐田戦の2日前には重苦しい雰囲気が流れた。ミニゲームで先発組がサブ組に圧倒的に攻められ、大敗してしまったのである。練習後、先発組の選手たちは疲れ切った表情で、クラブハウスへと引き上げて行った。まだ1勝もしていないことを考えると、決して楽観視できるムードではなかった。

　ところが、風間の感じ方は180度違った。

「当たり前だけど、練習では両方のチームを見ている。もしどちらかのチームが良かったとしても、この選手とあの選手が良かったじゃんと思うだけ。じゃあ明日は代えてみるかとなるだけの話。だからベンチ外だった選手でも、次の試合で先発になることもあるんだ」

　磐田戦の前日、広島戦でベンチ外だった井川祐輔と登里亨平が、レギュラー組に抜擢されていた。すでに前日の重苦しい雰囲気は、吹き飛んでいた。

　ここからフロンターレの快進撃が始まる。

　ホームで磐田に4対3で勝利すると、アウェイの名古屋グランパス戦は3対2で連勝。続く柏戦は相手のロングボールに苦しみ0対2で敗れたが、大宮戦は2対0で完勝した。

　大宮戦の前には、こんなことがあった。

　試合前にピッチに水が撒かれ、ボールが転がるスピードがかなり速くなっていた。風間は試合前のウォーミングアップを見ていて、選手たちがトラップしたとき、ボールが上に浮いていることに気がつく。すぐさまコーチの望月達也を呼び、「選手たちに、ボールの上を触るように伝えてくれ。そうすればボールが浮かなくなるから」と指示した。こういうちょっとした現象を見抜く目が、試合の行方を左右する。

　その後、川崎は仙台と鳥栖に2連勝し、横浜F・マリノスとは引き分けたが、15節の時点で4位につけている。十分にACL出場権（3位以内）を狙える順位だ。

　それでも風間は、順位には頓着していない。

「今はこうするとオレたちは勝てるっていうことを、少しずつ作り上げている段階。どう勝つかを選択するには、これだけの技術と判断がないといけないよ、ってことを植え付けている。慌ててもしょうがない。1勝ではなく、100勝するチームを目指しているのだから」

就任してから、3ヵ月も経っていないのだ。にもかかわらず、これだけの変化が起きていることに驚かされるが、何事も段階が必要である。

まだ風間の〝革命〟は、始まったばかりだ。

取材後記

風間さんの川崎フロンターレの監督就任後、初めていっしょに食事に行ったのは、4月25日、すなわち就任2日目だった。

風間さんはフジテレビとの契約が5月まで残っており、この日の深夜に行われるチャンピオンズリーグ準決勝、レアル・マドリー対バイエルン・ミュンヘンの解説をすることになっていた。川崎市麻生区にあるフロンターレの練習場から、フジテレビのお台場までは約35キロメートル。車で約1時間かかる。練習後、風間さんと顔を合わせると、「飯でも食うか」と声をかけて頂き、いっしょにお台場まで移動することになった。

そのとき感じたのは、さすがの風間さんも疲れていた、ということだ。

新しい環境に1人で乗り込み、選手たちに自分の考えをぶつける。いくら大学で指導していたといっても、やはりプロ選手を相手にするのはエネルギーを使うのだろう。さらにこの日は2部練だった。見ているだけのこちらでさえ疲れるのだから、全身全霊で教える監督が消耗しないわけがない。ところが、だ。

それから約3週間が経ち、今度は風間さんの家で奥様の手料理を頂く機会に恵まれた。突然の来訪にもかかわらず、次々に料理を出して頂き、本当に楽しい時間になった。

そのとき風間さんの顔を見ると、妙に肌つやがいいのである。5、6歳は若くなった印象だ。

普通ならプロのプレッシャーにさらされて、疲れが顔に出てもおかしくないのに、逆に若返るとはどういうことだろう？　風間さんはアゴをさすりながら言った。

「試合中継の仕事をしているときは、朝まで解説して、そのまま筑波に移動して授業をやり、夕方から蹴球部の練習をするという感じだった。今の方が寝ている。だからかもな」

フロンターレの練習を見学したサポーターの方なら知っていると思うが、風間さんは練習後に1時間くらい芝生の上をウォーキングするのを日課にしている。最近、益々体の切れが増してきている。いやはや、世界一になってやろうという途方もない夢を抱く革命家というのは、やはりケタ外れの生命力を持っているらしい。

第12章のココがポイント
Kazama's Selection

◎**各選手**がどれくらいまわりを**見える**のか、どれくらいの狭さでプレッシャーを**感じる**のか。それを**初練習**で**見た**。
◎**自分**にとって**一番**は、どんなときでも『**迷**わない、ブレない』、『**逃**げない、**怖**がらない』こと。
◎**1勝**ではなく、**100勝**するチームを**目指**す。

付録

本物の天才だけが見えている世界

ここまで新たな発想のサッカーを理解するために、既存の常識を疑い、本当に必要なプレーを掘り下げ、天才だけにしか見えていなかった世界に迫ってきた。では、こういうサッカーを本気でピッチで実行しようとすると、次に何が見えてくるのか？

さらに理論の先を知りたい方のために、風間語録の中から最も理解することが難しい〝最上級編〟を選び出して紹介したい。

最上級編① 「本当にうまい選手は、正確にプレーしなくていい」

風間さんほど、練習においても、試合においても、ボールを正確に扱うことを求める監督はいないだろう。最初のトラップで最も蹴りやすいポイントにボールを置くことを〝当たり前〟とし、キックの種類によって足のどの部位の骨に当てるかまでこだわる。野球の超一流の打者が、バットのどこに当てるか数ミリ単位でこだわるのに近いものがある。

ところが、さらに突っ込んで話を聞いてみると、もう1段階上の世界があることがわかってきた。

風間さんは言う。

「転がってきたボールのバウンドが目の前で変化したとしても、本当に技術がある選手というのは、キックの種類を変えて対応できるんだ。瞬時に足のどこに当てるかを変えて、頭に描いていた通りの軌道のパスを出すことができる。違う蹴り方で、まったく同じ軌道のボールを蹴れるということだ」

そして、聞いたこともないような結論を導いた。

「だから、本当にうまい選手というのは、正確にプレーしなくていいんだ。そういう選手に対しては、『正確にやれ』なんて言う必要はない。『ちゃんとやれ』って言えば、自分で勝手に修正できる」

とことん正確性を追求した先には、不確定要素には動じない技術の世界があるのだ。もしそういうレベルに達することができれば、グラウンドが荒れていようが、相手からのプレスが激しくてパスが乱れようが、関係なくプレーすることができる。

まさにこれこそ、風間さんがよく口にする「正解ではなく、絶対を持て」ということの最高の例だろう。

最上級編②「ボールだけ追いかけてもわからない。パッサーの目になれ」

一般的には、スタンドからピッチを見下ろす方が、試合の全体像を理解しやすいと言われている。ＴＶ中継のメインカメラがスタンドの上の方に置かれているのもそのためだ。監督の中には、スタンドにスタッフを置き、無線で上からの情報を得る人もいる。平面で見るより、俯瞰的に見る方がサッカーはわかりやすい。

だが、さらに上のレベルを追求すると、もう1度平面に戻る必要があるのだ。

風間さんはサッカーを見るコツとして、こんなアドバイスをする。

「ボールだけ追いかけてもわからない。パッサーの目になれ」

もし受け手が人を外す動きを連続して行うと、もはや〝上からの目線〟だけでは何が起きているか正確に理解することが難しくなる。

なぜなら、パッサーの目線が鍵だからだ。

いくら受け手がいい動き出しをしても、パッサーがボールを出せる状態になっていないと意味がない。動いたものの、パッサーから見ると相手の背中側に隠れていることもある。受け手が〝いつ〟、〝どう〟動くかの○×は、パッサーの目線にならなければ判定できない。

川崎フロンターレの練習に行くと、よくこんな言葉が聞こえてくる。

「いつ動くかをもっと考えろ。早く動くと相手につかまるだけだ！」

「背中側に隠れてしまうと、パスは出てこないぞ！　パスコースに顔を出せ」

サッカーというのは、風間さんが言うように「ボールを持っている者が意思を持つスポーツ」だ。その意思がピッチでどう揺れ動いているかを感じるには、パッサー目線になる必要がある。

サッカーを観るときには、全体を捉えると同時に、ボールを持っている選手の目線になると、より試合の流れが読めるようになる。

最上級編③「中央の選手には、足の速さは関係ない」

当たり前の話だが、仮にボールを扱う技術や目の能力が同じなら、足は速いほどいい。だが、他の能力を犠牲にしてまで、スピードを重視すべきかというと、そうではない。特に中盤のど真ん中に位置する選手については。

風間さんはまず知っておくべき基本として、次のことをあげる。

「サッカーが速くなると、走っている暇はなくなる」

パスの受け手が絶妙のタイミングで動き、パッサーがその足元にズバッと強いボールを入れ、その瞬間、また別の場所で新たな受け手が動き出す。こういう連動した崩しのスピードが上がると、もはや選手が1歩、2歩動く時間しか許されなくなる。つまり、走る余裕はなくなるということだ。

もちろんサイドの選手が駆け上がってもいいが、中盤のど真ん中のエリアでは〝スピードによる競争〟ではなく、〝判断による競争〟が支配的になるのである。

だから、風間さんはこう言い切る。

「中央の選手には、足の速さは関係ない。もっと大事な能力がある」

選手があふれるど真ん中のエリアで、ボールを正確に扱い、敵と味方両方の動きを一瞬で把握するという能力は、フィジカルの強さやスピードといったアスリート的な能力とはまったくの別物だろう。サッカーが速くなるほど、走るスピードより、技術と思考のスピードが大事になってくる。

絶好の例は、イタリア代表のピルロ（ユベントス）だ。ピルロは走るスピードは月並みだが、柔らかいタッチでボールをどこにでも蹴れる位置に置き、相手に簡単に飛び込ませない。ショートパスでゆっくりと攻撃を組み立てたかと思えば、一気に縦に長いパスを出すこともできる。何にもとらわれない自由な発想でプレーしており、まさに天才と呼ぶにふさわしいゲームメイカーだ。

「局面を見れる選手っていうのはたくさんいるし、基本的にはそれができれば問題ない。サッカーには、ポジションごとに役割があるから。でも、やっぱりチームの中に俯瞰で見れる選手っていうのは1人、2人いないといけない。それがチームの目になるからだ」

足の速さは大切な要素のひとつだが、そこに目を奪われて、もっと大切な能力があることに気がつかないと、サッカーの進化を見失ってしまうだろう。

最上級編④「ボールから一番遠くにいる選手が勝負を決める」

どんなにゴール前のスペースが限られていても、必ず攻略できる——。そう考えるのが風間さんのサッカーだ。実際、フロンターレがそれをJリーグで実践している。とはいえ、攻撃のときに使える場所は広いほどいいに決まっているし、逆に守備のときは相手が使える場所は狭い方がいい。

そこで大切になるのが、ＦＷとＤＦの第一歩だ。

風間さんは言う。

「ＦＷの一歩で、攻撃のすべてが変わる。逆にＤＦの一歩で、守備のすべてが変わる」

たとえば、こんな場面を想像してみよう。自分たちが攻撃しているとき、我らがエースのＦＷカザマが一歩踏み出して、相手ＤＦの背中側にまわりこんだとしよう。すると何が起きるか？　相手ＤＦはボールとカザマを同時に視野に収めるために、立っている位置を少しだけ後ろに下げるに違いない。すなわち最終ラインが下がるということだ。最終ラインが下がれば、その分、中盤に使える場所が生まれる。

実際にはこんなに簡単に最終ラインを下げさせられないが、基本的な方法論は同じだ。ＦＷはあらゆる駆け引きを仕掛けて、相手のＤＦラインを下げることが求められる。

一方、自分たちのＤＦについては、この逆のことがあてはまる。

相手ＦＷとの駆け引きの中で、簡単には最終ラインを下げず、相手に場所を与えないことが大切だ。

「ボールから一番遠くにいる選手が勝負を決める」

どんなにボールから離れていても、たとえ足を止めることがあっても、思考を止めることは許されない。

最上級編⑤「トラップは止まっているようで、意外に止まっていない」

風間さんが日本サッカー協会の理事を務めているとき、ひとつ悩みがあった。それはトラップについて、（他の人と）大きな認識の差があったからだ。他の人が「トラップが止まっている」としたシーンでも、風間さんからすると「まったく止まっていない」ということが何度もあった。

原因ははっきりしている。ボールを取られなければいいという程度のトラップと、次のプレーのために最も蹴りやすいポイントにボールを置くというトラップは、まったく違うレベルの技術だからだ。

風間さんは言う。

「プロでも、トラップは止まっているように見えて、意外に止まっていない。さらに言えば、それが『止まっていない』ことを理解している人も意外に少ない。専門家の中でも、『止まっていませんよね』と言っても、なかなか理解してもらえなかった」

蹴りやすい自分だけのポイントを意識していない選手からしたら、風間さんの言っていることは意味不明かもしれない。だが、取られなければいいというレベルのトラップでは、間違いなく攻撃のスピードを遅くしてしまうのだ。

また、どんなにうまい選手でも、その日の芝生の状態や、足の感覚の乱れによって、トラップがわずかにブレるときがある。それがボール半個分なのか、4分の1なのかは人によるが、それだけ繊細で、安定させるのが難しい技術だ。

だからこそスペイン代表のシャビ（バルセロナ）は、ピアニストが指先の感覚を確認するかのように、試合前のウォーミングアップでサイドキックで丁寧にパスを交換する練習を繰り返す。

トラップという技術の真の難しさを知り、それをリスペクトすると、もっとゴール前の攻防の醍醐味を味わえるようになる。

最上級編⑥「パスの受け直しの動きができると、いくらでもパスがつながる」

フロンターレのパスまわしを見ていると、ほぼ毎回、聞こえてくる指示がある。

「自分を入れろ！」

これは風間語録のひとつで、「パスを出したあとに、その場に立ち止まらず、もう1度パスコースに顔を出してボールをもらいに行け」という意味だ。言い換えると、自分を攻撃に関与させ続けろ、ということである。

実はパスまわしにおいて、これほど効果的なことはない。

まわりにたくさん相手がいたとしても、局所的に見れば、味方と、それをマークしている相手というケースがほとんどだ。そこにボールを出して、自分がパスコースに飛び込んで行けば、局所的に2対1になる。すなわち、ボールさえ止まれば、取られるはずがない。

風間さんは言う。

「受け直してパスを受ければ、いくらでもパスがつながる。2対2だったとしても、2対1になるんだ」

近い将来、すべての選手が、こういう動きをできる時代になるに違いない。

最上級編⑦「受ける動きを連続させられるＦＷがいると、チームが落ち着く」

ＦＷの人を外す動きというのは、多くの場合、残念ながら報われることがない。絶妙のタイミングでパスコースに顔を出したと思っても、出し手が見落とす場合もあるし、パスを躊躇することもあるからだ。それは受け入れるしかないだろう。

しかし、その直後に優れたＦＷと、そうでないＦＷの差が出る。

優れたＦＷは、頭の回転を止めず、そこからさらにもう1度、他の動き出しを試みる。仕掛けの連続だ。そうすることによって、ボールの出し手にまた新たな選択肢を生み出すことができる。

一方、1度動いただけで終わってしまうようだと、攻撃はすぐに停滞してしまう。仕掛けたつもりになっているだけで、チームにとっては大きなマイナスだ。動きを連続させるには、集中力の持続だけでなく、常にまわりが見えている必要があり、意識してもなかなかできることではない。ＦＷの重要な才能のひとつだ。

風間さんは言う。

「受ける動きを連続させられるＦＷがいると、ボールが前に入るので、チームに落ち着きが生まれる」

これが優れているのが、スペイン代表のイニエスタ（バルセロナ）だ。イニエスタは中盤だけでなく、前線でもプレーできるのは、こういう動き直しを連続してできるからだ。

パワー系だろうが、スピード系だろうが、テクニック系だろうが、これからのＦＷには「動きの連続」が求められる時代になるだろう。

最上級編⑧「ミスだと思ったパスが、絶妙のパスになることがある」

サッカーの試合において、最も驚きを感じるのはどんな瞬間だろうか？　優勝がかかっている大一番や、新人のデビュー戦など、そのときどきの背景によっていろいろあるに違いない。

では、純粋にプレーそのものに限るとどうか？　風間さんから、こんな話を聞いたことがある。

「小学校年代の試合を観に行ったとき、自分も同じ目線になろうと思って、ちょっと腰を屈めて見た。そうしたらボールを持っていた選手が、とんでもない方向にパスを出したんだ。『おいおい、どこに蹴っているんだよ』っていう感じでね。でも、その瞬間、まったく見えなかった場所から選手が走り込んできて、それが絶妙のパスになった。曲がりなりにもプロでやって目には自信があったけど、それ以上のものを小学生が見ていた。あのときは本当に驚いた」

この話を聞いて以来、こういうシーンに出会えないものかと思い、それを意識して試合を観るようになった。

幸運にも、これまでに1回だけ、目撃できたことがある。

正直、見た瞬間、自分のサッカー観が根底から覆るような衝撃を受けた。何せミスだと思ったパスが、最高のパスになったのだから！　大げさではなく、サッカーの未来を見たような気分になった。

ただし、この回数はこれから増えていくと確信している。風間さんが見たのと、自分が衝撃を受けたのは実は同じ選手であり、その選手は今、フロンターレにいるのだから――。

おわりに

試合の中で、革命のニオイを嗅ぎ取った瞬間というのは、実に気分のいいものである。

たとえば、2012年8月4日、ジュビロ磐田対川崎フロンターレの前半17分。ゴール前に築かれた守備ブロックなど存在しないかのように、次々に〝相手の逆〟を取ってシュートが決まったシーンだ。

GK西部洋平のスローから始まったフロンターレの攻撃は、パスが16本つながったあと、17本目のパスがぎりぎり相手の足に当たってこぼれてしまう。それを拾った風間宏希が中村憲剛に渡し、上がって来た右サイドバックの田中裕介へ。田中は相手に詰め寄られたが、すぐさま憲剛にボールを戻すと……それがギアチェンジへの号砲になった。

憲剛がボールを受けた瞬間、宏希が前に走り出す。だが、憲剛がボールを出したのは、DFの背後からすっと前に顔を出した弟の風間宏矢だった。すでに兄が前に走り込んでいるのを見ていた宏矢は、ポンとやさしくボールを落とす。宏希は勢いに乗ったままボールを拾い、ドリブルで切れ込んでGKと1対1になった。

さらに非常識なのは、ここからだった。

宏希はやや上体を曲げて顔を落とし、間接視野で後ろから田中が走り込んで来たのを確認すると、ヒールキックでボールを後ろに転がした。一か八かな選択に見えたが、宏希には100%の確信があった。

フリーの田中はこの崩しを仕上げるべく、悠々とシュートをネットに突き刺した。カウンターでも、速攻でも、単純なクロスでもない。まわりくどいくらいパスをまわしながら、隙ができた瞬間、発想の共有による組織の連動と、個人の創造力を織り交ぜて、最後はＧＫまでをもかわした。永久保存したくなるような、見事な崩しだった。

本書は風間八宏さんがサッカーそのものを変えようとする軌跡の〝前夜〟を描くとともに、新たな概念を綴った「サッカーの思想書」である。と同時に、「戦術書」や「観戦の手引き」でもある。実にいろいろな要素が凝縮されている。

ただ、あえてひとつに絞るとすれば、こう呼ぶのがふさわしいかなと感じている。

「風間八宏という天才を研究する本」

通常、監督というのは、各自の得意分野があるものだ。育成に強い人もいれば、戦術の知識が深い人もいるし、采配がうまい人もいる。それが監督としての武器になる。

ところが、恐るべきことに、風間さんというのは、すべてを持っているのである。

技術、戦術、采配、育成、新しいサッカーの創造――。各テーマだけで一冊の本ができるだけの世界観がすでに築き上げられており、さらに常にそれぞれが進化を続けているのだ。

だから、２年前に書籍化の作業に取り組み始めて以来、ずっと頭を悩ませてきたのは、「どのテーマを選ぶか？」ということだった。

戦術論を語ればすべてが新しいし、育成も多くの人が関心を持つテーマだ。けれど、何かひとつを選んでしまうと、その壮大なスケールが失われてしまうようで、なかなか決めることができなかった。

正直に告白すると、風間さんから教えてもらった知識を自分だけで独占して、書籍の作業から逃げ出したい！　とも思った。

だが、いよいよ編集者の森哲也さんからの催促に怒りがこもり始めた頃、ふと思ったのだ。「天才の頭脳に接する」という〝おもしろみ〟と〝苦しみ〟を、そのまま読者の方たちにぶつけてはどうだろうか、と。

風間さんへの取材を見返すと、技術論から育成論まで実に多岐に渡っていたのだが、「天才」をキーワードにすると、1本の線でつなげられると思った。森さんもそれに賛成してくれて、本書の表のテーマが「革命」、裏のテーマが「天才」に定まったのである。人とは異なるものが見える天才的な選手が増えれば、間違いなく世界のサッカーに革命が起こせる。この2つのテーマは表裏一体のものだ。

ありがたいことに色々な雑誌から依頼を頂き、筆者は1年の約3分の1を海外で過ごすほどに、ヨーロッパサッカーの取材をする機会に恵まれている。この背景には、日本のサッカーファンの興味がヨーロッパに向いているということがあるだろう。次々に若い選手たちがブンデスリーガやプレミアリーグに羽ばたいているのだから、当然の流れと言える。

だが、風間さんがフロンターレの監督に就任して以来、自分の中で明らかな変化が生まれた。ヨーロッパのリーグを取材しているより、フロンターレの練習場に行く方がはるかに刺激を感じるのだ。常にそこに、新たな進化が見られるから。

もちろんヨーロッパのサッカーを軽視しているわけではない。選手、監督、環境、すべての面で間違いなくレベルは高い。これからも生の情報を得るために、ヨーロッパに行くつもりだ。だが、極めて個人的な感覚だが、いつか必ずフロンターレのサッカーがそれを超えるという直感が、日々強まっているのである。

だから、独りよがりなことを承知で、こう言いたい。

今、サッカーの世界で最も新しく、最もおもしろいことが起こっている場所が、日本国内にあると。

日本に住みながらにして、最先端の、さらに前を進むサッカーに触れるチャンスがある。

こんなに幸せなことはない。

2012年8月
木崎伸也

風間八宏（かざま・やひろ）

1961年10月16日、静岡県生まれ。清水商業高校時代から天才と騒がれ、日本ユース代表として1979年のワールドユースに出場。その後、筑波大学在学時に日本代表に選出される。大学卒業後は複数の実業団からのオファーを断り、1984年ドイツに渡る。レバークーゼン、レムシャイトなどで5年間プレー。1989年にマツダへ加入し、1995年までサンフレッチェ広島でプレーを続けた。2008年より筑波大学蹴球部監督に就任。低迷していたチームを独自のスタイルで変革し、大学サッカー界を席巻する。2012年4月、川崎フロンターレの監督に就任。

木崎伸也（きざき・しんや）

1975年1月3日、東京都生まれ。中央大学大学院理工学研究科物理学専攻修士課程修了。2002年夏にオランダに移住し、翌年からドイツを拠点に活動。高原直泰や稲本潤一などの日本人選手を中心に、欧州サッカーを取材した。2009年2月に日本に帰国し、現在は『Number』『週刊東洋経済』『週刊サッカーダイジェスト』『サッカー批評』『フットボールサミット』などに寄稿。おもな著書に『サッカーの見方は1日で変えられる』（東洋経済新報社）、『クライフ哲学ノススメ　試合の流れを読む14の鉄則』（サッカー小僧新書）など。

ブックデザイン●松坂 健（TwoThree）
写真●山本雷太
図版イラスト●堀江篤史
DTPオペレーション●Design-Office OURS
校正協力●澤山大輔
協力●株式会社すぽると
編集●森 哲也（カンゼン）

革命前夜
すべての人をサッカーの天才にする

発行日　2012年9月15日　初版

著　者　風間八宏／木崎伸也
発行人　坪井義哉
発行所　株式会社カンゼン
〒101-0021
東京都千代田区外神田2-7-1 開花ビル4F
TEL 03（5295）7723
FAX 03（5295）7725
http://www.kanzen.jp/
郵便為替 00150-7-130339
印刷・製本　株式会社シナノ

ISBN 978-4-86255-152-8　Printed in Japan
定価はカバーに表示してあります。
ご意見、ご感想に関しましては、kanso@kanzen.jpまでEメールにてお寄せ下さい。お待ちしております。

海外に行くのがいいっていう考え方もわかるし、経験できることも多い。自分自身がそうだった。でも、香川真司がマンチェスター・ユナイテッドから大きなサラリーを提示されるのと同じように、Ｊリーグのクラブが特別な才能を持つ選手にもっと大きな評価を与えられるようになってほしいと思います。今、日本サッカーはそういう時期に来ているのではないでしょうか。

風間八宏